KONTUREN

Band 3

Christus-Kräfte der Freiheit

Konturen

Aus der Arbeit des Hardenberg Instituts
Redaktion: Angelika Leibrock, Karl-Martin Dietz

Band 3

KONTUREN

Band 3

Christus-Kräfte der Freiheit

Herausgegeben
vom Friedrich von Hardenberg Institut
für Kulturwissenschaften
Heidelberg / Frankfurt

MENON VERLAG
Heidelberg

Band 1 – 1990 – ISBN 3-921132-00-2
Band 2 – 1991 – ISBN 3-921132-01-0

Die Deutsche Bibliothek – CIP-Einheitsaufnahme

Konturen:
Aus der Arbeit des Hardenberg Instituts / Hrsg. vom Friedrich von Hardenberg Institut für Kulturwissenschaften, Heidelberg / Frankfurt.
– Heidelberg : MENON Verl.
Erscheint circa jährl. – Aufnahme nach Bd. 1 (1990)
Bd. 3 (1992)
ISBN 3-921132-02-9

ISBN 3-921132-02-9

Die Verantwortung für den Inhalt der Beiträge tragen die Autoren.

Datenkonvertierung und Satzbearbeitung: Lichtsatz Michael Glaese GmbH, 6944 Hemsbach
Druck: Druckerei Schmich KG, 6915 Dossenheim b. Heidelberg
Verarbeitung: Progressdruck GmbH, 6720 Speyer

Printed in Germany

INHALT

VORWORT

Vom 14. bis 20. Februar 1992 wurde im Rudolf Steiner Haus in Heidelberg ein Vortragswochenende mit anschließender Arbeitswoche zum Thema „Die geistige Führung des Menschen und der Menschheit" abgehalten. Zugrunde lag das gleichnamige Buch von Rudolf Steiner aus dem Jahre 1911. Das Vortragswochenende fand ein großes, sehr interessiertes Publikum, und so haben wir uns entschlossen, einige grundlegende Aspekte in diesem dritten Band unseres Jahrbuchs abzudrucken. Einige der Wiedergaben halten sich enger an die im Vortrag gesprochenen Worte, andere wurden inzwischen stark überarbeitet.

Besonderer Dank ist den beiden auswärtigen Mitwirkenden auszusprechen, Herrn Christoph Lindenberg und Herrn Arnold Suckau. Beide haben schon zu wiederholten Malen durch ihre spezifischen Beiträge zum Gelingen von Arbeitswochenenden im Hardenberg Institut beigetragen. Die Veranstaltung war außerdem getragen durch die Mitwirkung zahlreicher Studenten des Instituts, die vor allem während der Arbeitswoche die allmorgendliche Kunstbetrachtung und eine Arbeitsgruppe vorbereitet hatten. Am letzten Abend der Arbeitswoche wurde schließlich zusammen mit Heidelberger Künstlern eine neuartige Form der Darbietung erprobt: inhaltliche Einleitungen mit anschließenden eurythmischen Darstellungen zu den in der Woche behandelten Kulturepochen. Und schließlich sei auch all denen herzlich gedankt, die mit Improvisationsgeschick die Haustechnik und die Verpflegung der Teilnehmer besorgt haben.

In verschiedenen Aussprachen wurde eine Frage aufgeworfen, die nach dem Verständnis des ganzen Buches Rudolf Steiners zielt und auf die deshalb hier eingegangen werden soll: Was bedeutet geistige Führung heute? – Die Frage läßt sich auch als Einwand formulieren: Wie kann der Verfasser einer „Philosophie der Freiheit“ wenige Jahre später ein Buch schreiben mit dem Titel „Die geistige Führung des Menschen und der Menschheit“? – Die Frage ist zunächst, was „geistige Führung“ eigentlich bedeutet. Dazu einige Gesichtspunkte:
Nachdem der Begriff „Führung“ aus wohl verständlichen Gründen längere Zeit in Mißkredit geraten war, wird er heute völlig selbstverständlich wieder, z.B. im Zusammenhang des Wirtschaftslebens gebraucht. Führung heißt dort im wesentlichen Motivation, Befähigung und Kontrolle der Mitarbeiter. Neuerdings aber wird dieses Prinzip auch auf die Führungskräfte selbst angewandt, und es werden hohe Summen dafür aufgewandt, daß die Führungskräfte lernen, sich selbst zu führen. Man hat bemerkt, daß durch hierarchische Führung die Probleme unserer Zivilisation nicht mehr zu lösen sind. Die Handelnden werden in die Führung einbezogen. Höchstes Ziel ist zu lernen, wie man sich selbst führt. An dieser heute zu beobachtenden Veränderung der Führungspraxis kann deutlich gemacht werden, welchen bewußtseinsgeschichtlichen Wandel geistige Führung durchgemacht hat. Was für frühere Geschichtsepochen nur als eine Art Fremdführung beschrieben werden kann, die von außen in das Leben des Menschen eingreift, hat sich heute zu der Aufgabe gewandelt, daß jeder Mensch sich so weit wie möglich selbst führt. Und diese Anforderung geht weit über das Wirtschaftsleben hinaus. Sie hat auch Folgen für das alltägliche Lebensgefühl: Wo Fremdführung fehlt, treten Unsicherheiten und Ängste auf. Sie sind nur durch

bewußte Übernahme der eigenen Führung zu bewältigen. Das betrifft seit einiger Zeit immer mehr Menschen.

Wohin aber soll diese Selbstführung den Menschen führen? – Auch dies liegt näher, als auf den ersten Blick erkennbar scheint. Die Früchte dessen, was hier mit „geistiger Führung“ bezeichnet ist, sind heute längst öffentlich eingefordert: Erkennen und Handeln dürfen nicht selbstbezogen bleiben, sonst sind Katastrophen unausweichlich. Das gilt nicht nur für das soziale Leben (Ost-West-Gefälle, Nord-Süd-Konflikt, Friedensproblematik, Betriebsstrukturen), sondern auch im Hinblick auf das Handeln des Menschen im Gesamtzusammenhang der Natur. Aufgrund der wachsenden Einsicht in diese Problematik wird z. B. nach „Ganzheitlichkeit“ gestrebt. Schon immer zwar hatte sich menschliches Denken und Handeln in einen Zusammenhang hineinzustellen. Nie war es möglich, isoliert zu leben. Und doch führt die heute geforderte „Ganzheitlichkeit“ zu einer bedeutenden Steigerung. Es ist in jüngster Zeit endgültig klar geworden, daß der Zusammenhang, in den der einzelne sich hineinzustellen hat, nicht beliebig begrenzbar ist, sondern die Gesamtheit der Menschen und des Kosmos umfassen muß. – Hier zeigt sich zugleich auch die Problematik des Begriffs „Ganzheitlichkeit“: Er ist hoch abstrakt, niemand weiß so recht, was das wirklich ist; im Namen der Ganzheitlichkeit lassen sich trefflich Forderungen an andere stellen, deren Realisierung schon deswegen unmöglich ist, weil die Forderung selbst unklar bleibt. „Vernetztes Denken“ z. B. bleibt starr und berücksichtigt nicht das Leben in der Natur. „Kreisläufe“, die es zu entdecken und zu berücksichtigen gelte, bleiben vor der Forderung nach „Ganzheit“ schließlich doch zurück. Wohl jeder nachdenkliche Mensch sieht heute, worum es geht, er sieht aber auch, warum die Realisierungsversuche unzulänglich bleiben.

Der von Rudolf Steiner geprägte Begriff der „geistigen Führung“, der in unmittelbarem Zusammenhang mit der Ausbildung des „höheren Selbst“ des individuellen Menschen steht, darf als Versuch angesehen werden, den Begriff der „Ganzheitlichkeit“ schon Jahrzehnte, bevor er im öffentlichen Bewußtsein aktuell wurde, mit konkretem Leben zu erfüllen. Sich in den Gesamtzusammenhang der Welt hineinstellen zu wollen heißt zunächst, sich mit den in der Welt wirkenden Kräften und Wesen zu verbinden. Was für das abstrakte Denken „Ganzheit“ ist, das ist für die konkrete geistige Bemühung die Suche nach einem Zusammenwirken mit den wirkenden Wesen im Kosmos. Ebenso wie der naturwissenschaftlich geprägte Mensch der Gegenwart sein eigenes Leben in die „Ganzheit“ hineinzustellen bemüht ist, kann er den Zusammenklang mit den wirkenden Wesenheiten suchen. Von „Führung“ kann dabei deshalb gesprochen werden, weil der einzelne aus seiner Isoliertheit befreit wird, übergeordnete Gesichtspunkte für sein Leben erhält und zugleich die Kraft entwickeln kann, sie zu verwirklichen. Das ist aber nichts anderes als dasjenige, was der sensible Zeitgenosse ohnehin sucht, wenn er nur nicht an den Grenzen der Abstraktion stehenbleibt. Jeder einzelne hat die Freiheit, die in diesem Sinne zu verstehende „geistige Führung“ selbst zu suchen, er hat natürlich auch die Freiheit, als „Narr auf eigene Hand“ (Goethe) zu agieren.

Insofern nimmt geistige Führung nichts von der Freiheit des Individuums; im Gegenteil: sie konkretisiert erst die Freiheit. Ob ich von „Ganzheit“, „Geist“ oder von „höheren Wesenheiten“ spreche, ist zunächst nur eine Frage von Konkretion oder Abstraktion. Und ein ähnlicher Unterschied besteht für den Menschen darin, ob er sich als freie Individualität, als höheres

Selbst, als „Kind Gottes" im Sinne des Johannesevangeliums oder als geistiges Wesen erkennen und darleben kann.

Wer vor dem Begriff der „Führung" zurückzuckt, kann sich nichts anderes darunter vorstellen als Führung im Sinne des Vaterprinzips: Anordnung und Gesetz, dem Gehorsam zu leisten ist. Der Geführte hat Ordnung und Zuverlässigkeit zu gewährleisten. Das aber ist nicht der Sinn dessen, was hier mit „Führung" gemeint ist, die vielmehr im Zeichen des Sohnes steht. Der Johannes-Prolog charakterisiert den Gegensatz, der im Übergang vom Vater zum Sohn liegt, ausdrücklich: „Das Gesetz wurde durch Moses gegeben, Gnade und Wahrheit aber sind durch Jesus Christus entstanden." An die Stelle von Anordnung und Gesetz treten Eigenständigkeit und Entwicklung. Wichtiger als Ordnung und Zuverlässigkeit werden dann Eigenverantwortung und Liebe.

Sowohl vom Menschen wie von den geistigen Wesen aus ist „Führung" also heute etwas ganz anderes als früher: Der Mensch wird immer selbständiger, er führt sich selbst. Er ergreift diese Aufgabe bewußt, weil er sieht, daß er sich mit dem Ganzen des Kosmos in Einklang halten muß. Führung wird ihm nicht übergestülpt, sondern er sucht sie. Und die Führung selbst hat ebenfalls ihren Charakter verändert. Sie läßt den Menschen nicht unfrei, sondern bezieht ihn – seinem eigenen Willen entsprechend – in das Weltgeschehen ein. Sie gibt ihm nicht Vorschriften, sondern fördert seine Entwicklungsfähigkeit. Der Mensch will seinen individuellen Einsatz, der sich nicht in distanzierter Betrachtung des Weltenlaufes erschöpft, im Zusammenhang mit den Vorgängen des Kosmos halten. Er braucht dazu „Geistesgegenwart" im konkreten Moment. Er sucht sie auf, indem er sich beispielsweise von Besetztheiten befreit, sich nicht auf Vererbung, Hormone, hirnphysiologische Vorgänge oder auf die soziale Umwelt reduzieren und sich nicht von Medien oder Ideologien beherrschen läßt.

Die „freie Individualität" im Sinne der „Philosophie der Freiheit" ist es am Ende, die die so zu charakterisierende „geistige Führung" anstrebt. Die beiden Bücher sind kein Gegensatz, sondern sie sprechen von demselben, nur mit je anderen Begriffen.

Heidelberg, den 30. Juni 1992 *Karl-Martin Dietz*

DAS LEBEN JESU UND DIE DREI JAHRE CHRISTI

Mensch und Gott[1]

WOLF-ULRICH KLÜNKER

In dem Buch „Die geistige Führung des Menschen und der Menschheit“ legt Rudolf Steiner die Jordan-Taufe Jesu folgendermaßen aus: „Wenn man dieses Bild ins Auge faßt, so hat man das höchste menschliche Ideal vor sich hingestellt. Denn es bedeutet nichts anderes, als daß in der Geschichte des Jesus von Nazareth berichtet wird: In jedem Menschen ist erkennbar der Christus. Und wenn auch keine Evangelien und keine Überlieferung vorhanden wären, die besagten: Irgendeinmal habe ein Christus gelebt, – so würde man durch Erkenntnis der Menschennatur erfahren, daß der Christus im Menschen lebt.“[2] Die Erkenntnis der Menschennatur führt zu der Einsicht: Heute lebt der Christus im Menschen. „Denn eine wirkliche seherische Selbsterkenntnis führt für den gegenwärtigen Menschen dahin, einzusehen, daß in der Menschenseele Kräfte gefunden werden können, welche von diesem Christus ausgehen.“[3] Diese Christus-Kräfte im Menschen konnten in früheren Zeiten nicht gefunden werden; sie im Menschen wahrzunehmen, ist erst seit Christi Erdenleben möglich. „In der Zwischenzeit zwischen jener Vergangenheit, da der Mensch den Christus in sich nicht finden konnte, und der Gegenwart, da er ihn finden kann, liegt das Erdenleben Christi. Und dieses Erdenleben selbst ist der Grund, warum in der angegebenen Art der Mensch den Christus in sich finden kann.“[4]

Eine bestimmte Erkenntnisart, die hier „seherisch" genannt, aber nicht näher erläutert wird, führt zu der Erkenntnis, daß Christus im Menschen lebt und in der Geistesgeschichte auf der Erde gelebt hat. Zu der Einsicht, daß Christus im Menschen lebt, führt die *menschliche Selbsterkenntnis*. Zu der Einsicht, daß Christus auf der Erde gelebt hat, führt *geistesgeschichtliche Erkenntnis*: der Vergleich des Menschen in der Epoche vor dem Erdenleben Christi mit dem Menschen in der Epoche nach dem Erdenleben Christi. Die Verbindung beider Erkenntnisweisen führt zur Erkenntnis des Christus und zur Erkenntnis des Lebens Jesu. Menschliche Selbsterkenntnis gelangt zu der Einsicht, daß der Christus im Menschen lebt. Daneben gibt es eine überindividuelle, geistesgeschichtliche Erkenntnis, die feststellen kann, daß sich die Menschheitsentwicklung in zwei Epochen gliedert: in die Zeit, in der der Mensch den Christus nicht in sich finden konnte, und in die Zeit, in der er ihn in sich finden kann. Aus dieser geistesgeschichtlichen Erkenntnis ergibt sich, daß Christus auf der Erde gelebt hat, und zwar in der „Zwischenzeit" zwischen den beiden Epochen der Menschheitsgeschichte. So kann die geistesgeschichtliche Erkenntnis auch zu den Voraussetzungen des Erdenlebens Christi gelangen, also eine Einsicht in das Leben Jesu gewinnen.

Damit ist eine umfassende und vielschichtige Erkenntnisaufgabe gestellt; nur aus ihr kann eine neue Christologie begründet werden. Andererseits kann nur aus einem Verständnis dieser Erkenntnisaufgabe das Verständnis der christologischen Aussagen Rudolf Steiners hervorgehen. Das gilt insbesondere für das richtige Verständnis des Verhältnisses von „individueller" und geistesgeschichtlicher Selbsterkenntnis des Menschen, denn dieses Verhältnis ist ein Schlüssel zum Christus-Verständnis Rudolf

Steiners. Im folgenden soll ein erster Versuch einer Annäherung unternommen werden.

„Subjektive" und „objektive" Akasha-Forschung

Die Akasha-Forschung Rudolf Steiners, d. h. die Betrachtung der Entwicklung von Welt und Mensch, läßt zwei Grundhaltungen erkennen; diese grundsätzlichen Orientierungen stehen in einem bestimmten Zusammenhang mit den genannten zwei Elementen christologischer Erkenntnis. – Am Ende des zweiten Vortrages aus der Reihe „Aus der Akasha-Forschung – Das fünfte Evangelium" spricht Rudolf Steiner eine sehr ausführliche „persönliche Bemerkung": „Es ist mir durchaus klar, daß für die Geistesforschung, der ich mich ergeben habe, zunächst manches außerordentlich schwierig und mühevoll herauszuholen ist aus der geistigen Schrift der Welt; gerade Dinge von dieser Art! . . . Ich will durchaus nicht sagen, daß ich heute schon im Stande bin, alles das präzise zu sagen, was sich in der geistigen Schrift darstellt. Denn ich gerade fühle mancherlei Schwierigkeiten und Mühe, wenn es sich darum handelt, Bilder, die sich auf die Geheimnisse des Christentums beziehen, aus der Akasha-Chronik zu holen. Ich fühle Mühe, diese Bilder zu der nötigen Verdichtung zu bringen, sie festhalten zu können, und betrachte es gewissermaßen als mein Karma, daß mir die Pflicht auferlegt ist, dies zu sagen, was ich eben ausspreche. Denn ganz zweifellos würde ich weniger Mühe haben, wenn ich in der Lage gewesen wäre, in der mancher unserer Zeitgenossen ist, in meiner ersten Jugend eine wirklich christliche Erziehung erhalten zu haben. Das habe ich nicht gehabt; ich bin in einer vollständig freigeistigen Umgebung aufgewachsen, und auch mein Studium hat mich zum Freigeistigen geführt. Mein eigener Bildungsgang war ein rein wissenschaftlicher. Und das macht mir eine gewisse Mühe, diese Dinge jetzt zu finden, von denen ich zu sprechen verpflichtet bin."[5]

Man kann sich die Frage stellen, warum Rudolf Steiner gerade in christologischen Vorträgen dieser Zeit solche Bemerkungen ausspricht; sie sind in diesem thematischen Zusammenhang häufig zu finden und beziehen sich oftmals auf Probleme der geisteswissenschaftlichen Forschungen, die aus den Voraussetzungen des Forschers resultieren: Rudolf Steiner spricht hier in einer sonst kaum gekannten Direktheit von sich selbst. Offenbar verhält es sich so, daß die Form der Akasha-Forschung, die für den christologischen Bereich notwendig ist, eine Auseinandersetzung des Forschers mit seinen individuellen Forschungsvoraussetzungen bedingt. Der Blick in die Akasha-Chronik ist in anderer Weise nicht möglich.

Damit handelt es sich für die Christologie um eine andere Art der Akasha-Forschung als diejenige, die etwa auf kosmologische Zusammenhänge sich bezieht. Ein Beispiel dieser anderen, eher „objektiv" orientierten Erkenntnisart findet sich beispielsweise in der Vortragsreihe „Geistige Hierarchien und ihre Widerspiegelung in der physischen Welt" (1909). Hier steht die Weltentwicklung, der Zusammenhang von Kosmos, Planeten und Tierkreis im Mittelpunkt. Rudolf Steiner möchte aus der *Urweltweisheit* heraus entwickeln, wie die Evolution des Kosmos sich vollzogen hat, wie die Zusammenhänge von geistiger und sichtbar-planetarischer Evolution zu denken sind. In diesen Vorträgen fällt immer wieder die Bemerkung „So hat die Urweltweisheit in allen Zeitaltern gelehrt".[6] Hier ist ein gewisser Geist von Allgemeinheit und Objektivität spürbar, der für das Erleben des Hörers oder Lesers in einer großen Spannung zu dem skizzierten individuellen Charakter der christologischen Akasha-Forschung steht. Rudolf Steiner beginnt mit dieser Art „subjektiver" oder „individueller" Akasha-Forschung im Hinblick auf Jesus Christus in dem Moment, in dem er sich von der theosophischen Bewegung löst. In der Tat ist diese Trennung vor der Vortragsreihe „Das fünfte Evangelium" (Kristiania, 1913) gerade vollzogen worden.

„Urweltweisheit" ist, was „schon immer" so gelehrt wurde, bereits von Zarathustra (vgl. die Vorträge aus der Reihe „Geistige Hierarchien und ihre Widerspiegelung in der physischen Welt"). Hier geht es um „objektive" Weltentwicklung, um kosmische Evolution. So ist auch die Objektivität und Gesetzmäßigkeit in den Darstellungen des Schulungsweges zu verstehen, der zu Erkenntnissen dieser Art führt. Es handelt sich hier um ein anderes Element als das individuelle. Es gibt bei der hier erkannten Entwicklung Ausnahmen, aber vor allem Gesetzmäßigkeiten, in die sich der Akasha-Forscher hineinstellen kann; bei der christologischen „objektiven" Akasha-Erkenntnis gibt es nur Ausnahmen. Im ersten Fall muß die Seele des Forschers durch Schulungsvoraussetzungen verwandelt werden, um zu Erkenntnissen zu gelangen, im zweiten Fall ist es notwendig, die eigenen Seelen- und Lebensvoraussetzungen vollständig mit in die Forschung hineinzunehmen und auf ihrer Entwicklung aufzubauen – dabei handelt es sich um ein Element der Akasha-Forschung, das man als „christlich" bezeichnen könnte.

„... ich bemerke ausdrücklich, ich spreche immer von der Art, wie es dem Bewußtsein der Apostel erschienen ist" – darauf weist Rudolf Steiner mit Nachdruck zu Beginn der Vorträge zum „Fünften Evangelium" hin. „Offen gestanden: mit einem Gefühl, das ganz eigenartig ist, entschließt man sich, in Worte zu prägen dasjenige, was sich da eröffnet dem hellsichtigen

Bewußtsein, wenn man hineinschaut in das Bewußtsein des Petrus und der anderen, die bei jenem Pfingstfeste versammelt waren. Mit einer heiligen Scheu nur kann man sich entschließen, von diesen Dingen zu reden. Man möchte sagen, man ist fast überwältigt von dem Bewußtsein, man betrete heiligsten Boden des menschlichen Anschauens, wenn man in Worten auszudrücken versucht, was sich dem Seelenblick da eröffnet."[7] Auch hier ist wieder der Geist der individuellen Akasha-Forschung spürbar, und es wird deutlich, daß diese Erkenntnisart in die Geistesgeschichte zurückblickt, indem sie sich mit dem *Bewußtsein* von Menschen in vergangenen Epochen verbindet. Die Ereignisse um die Kreuzigung des Christus Jesus werden erkannt, indem die Bewußtseinsentwicklung der Apostel in dieser Zeit geschildert wird, ihre Erlebnisse dargestellt werden. In diesem Sinne ist der Gegenstand der „subjektiven" Akasha-Erkenntnis niemals die Welt, sondern immer der Mensch; auch wenn es sich um Welterkenntnis handelt, geschieht sie durch Erkenntnis der Entwicklungsbedingungen und Erlebnisse von Menschen. Die Darstellungen des „Fünften Evangeliums" beginnen, indem die Bewußtseinslage der Apostel geschildert wird. Das Pfingstfest erscheint als der Moment eines Bewußtseinswandels dieser Menschen, an dem der erkennende Geist heute Anteil gewinnen kann – gleichsam ein zweites Pfingsterlebnis, durch das der Forscher am vergangenen Pfingsten der Apostel teilhat.

Die „subjektive" Akasha-Erkenntnis ist im Unterschied zu der „objektiven" nicht „schon immer" wirklich gewesen; hier wurde nicht stets dasselbe gelehrt. Vielmehr ergibt sich die Möglichkeit zu einer solchen Erkenntnisart erst für den Menschen der Gegenwart. Weltentwicklung im Sinne etwa der Vortragsreihe „Geistige Hierarchien und ihre Widerspiegelung in der physischen Welt“ war im Prinzip auch vergangenen Epochen möglich; christologische Entwicklungsbetrachtung im Sinne des fünften Evangeliums beginnt mit der Entstehung der Anthroposophie und kann sich erst seither weiterentwickeln. Damit aber wird Christologie „subjektiv“, d. h. geistig individuell. Vergangene Epochen haben eine „objektive“ Christologie hervorgebracht. Diese ältere Christologie mit der neuen, durch Anthroposophie möglich gewordenen zu verbinden, kann als eine wichtige Aufgabe verstanden werden, die sich aus dem christlichen Erbe heute ergibt.

Gott und Mensch in der Geistesgeschichte

Ein weitreichender Einblick in die bewußtseinsgeschichtliche Entwicklung des Christus-Verständnisses wird möglich, wenn man die Beziehung von Gott und Mensch im Werk des Thomas von Aquin (1225–1274) mit der Beschreibung dieses Verhältnisses im „Fünften Evangelium“ Rudolf Steiners vergleicht. In der „Summe der Theologie“ stellt Thomas die Frage nach der Wahrheit des Satzes „Gott ist Mensch“. Damit ist eines der entscheidenden Probleme, wenn nicht das wichtigste überhaupt, der christlichen Theologie angesprochen – eine Frage, die das Christentum von Anfang an beschäftigt und in verschiedene Lager gespalten hat. Auf die weitreichenden Implikationen dieser Diskussion kann hier nicht eingegangen werden. Wichtig ist für die hier zu behandelnde Fragestellung, daß Thomas die Frage *begriffsrealistisch* beantwortet, wenn er formuliert, „in Wahrheit und im eigentlichen Sinne“ könne der „Begriff 'Mensch' von dem Begriff 'Gott' ausgesagt werden“, sofern mit dem Begriff „Gott“ der Sohn Gottes angesprochen sei. Thomas will damit zum Ausdruck bringen, daß Gott in Christus im Sinne einer geistig-begrifflichen Realität Mensch ist.

Interessant ist nun die umgekehrte Fragestellung, nämlich ob eine Wahrheit in der Aussage liege „der Mensch ist Gott". Auch hier antwortet Thomas aus einem wahrhaft begriffsrealistischen Verständnis heraus und weist darauf hin, daß die Formulierung „der Mensch ist Gott" genauso im eigentlichen Sinne zu verstehen sei wie die Aussage „Gott ist Mensch". Denn der Begriff „Mensch" bezeichnet jeden individuellen Menschen, also auch denjenigen, der als Christus Mensch ist – und diese Identität lag in der zuerst vorgenommenen Begriffsbestimmung. Da in dieser ersten Begriffsbestimmung zweifelsfrei festgestellt sei, daß Christus, der Sohn Gottes, Gott sei, könne ihr auch entnommen werden, daß die Aussage „der Mensch ist Gott" richtig sei.[9] – Auch diese Argumentation kann nur einleuchten und nicht willkürlich erscheinen, wenn man die verwendeten Begriffe als geistige Wirklichkeit versteht – dann aber ist Thomas' Darlegung geistig „zwingend" (im Sinne von argumentativ beweisend). Um diesen und ähnliche scholastische Gedankengänge zu verstehen, ist unbedingte Voraussetzung, zumindest ansatzweise zu einem geistigen Erleben der Begriffe zu gelangen. Geschieht dies nicht, so kann man nur gleichsam achselzuckend vor derartigen Gedanken stehen.

Der entscheidende Anknüpfungspunkt für das Christus-Verständnis des „Fünften Evangeliums" ergibt sich, wenn zu den genannten Fragestellungen ein *Entwicklungsaspekt* hinzutritt. Thomas stellt sich auch die Frage nach der Wahrheit der Aussage „Gott ist Mensch *geworden*". Die Antwort lautet: „Man sagt, etwas sei *das* geworden, was von ihm neu begrifflich zu gelten beginnt. Nun wird in Wahrheit von Gott begrifflich bestimmt, daß er Mensch sei [vgl. die obigen Aussagen über

Christus] – jedoch so, daß es Gott nicht von Ewigkeit her eignet, Mensch zu sein, sondern aus der Zeit durch die Annahme der menschlichen Natur [in Christus]. Deshalb ist die Aussage richtig 'Gott ist Mensch geworden'." [10] Thomas fügt also zu der begriffsrealistischen Argumentation einen zeitlichen Zusammenhang hinzu, ganz ähnlich, wie in der „Geistigen Führung des Menschen und der Menschheit" auf einen bestimmten Zeitpunkt in der Menschheitsgeschichte hingewiesen wird: von diesem Zeitpunkt an kann der Mensch Christus in sich finden. Thomas argumentiert gleichsam noch „objektiv", ohne den „subjektiven" Standpunkt der menschlichen Selbsterkenntnis für die Christologie zur Anwendung zu bringen.

Folgerichtig stellt sich auch die entgegengesetzte Frage, nämlich ob es wahr ist, daß der Mensch Gott geworden ist. Thomas unterscheidet drei Aspekte dieses Problems: Man kann die Aussage so auffassen, daß das Gewordensein auf Christus bezogen wird, der Gott und Mensch ist. Dann ist die Aussage falsch, weil Christus nicht „geworden" ist, sondern von Ewigkeit her war. Zweitens kann die Formulierung so aufgefaßt werden, daß das Partizip „geworden" kein Werden im Sinne einer Entwicklung, sondern eine neue Situation im oben beschriebenen Sinne bezeichnet. In diesem Fall besitzt die Aussage Gültigkeit, denn man kann mit Recht den Begriff fassen, daß es in Christus eine Tatsache „geworden ist", daß der Mensch Gott ist. Eine besondere Bedeutung erhält der Satz aber, wenn man den Begriff „Mensch" nicht auf Christus, sondern auf den Menschen schlechthin bezieht. Denn im Unterschied zu Christus, der nicht „Gott geworden" ist, sondern stets von Ewigkeit her Gott war, ist durch das Erdenleben Christi zum ersten Mal die Situation entstanden, daß der Mensch Gott ist, und in diesem Sinne ist der Mensch Gott „geworden". – Drittens könnte die Aussage so aufgefaßt werden, daß hier ein Werden angesprochen ist, daß das Gottsein des Menschen zum Ziel hat; eine solche Auffassung ist *im Hinblick auf Christus* falsch.[11] Denn in Christus hat sich nicht ein Mensch mit dem Ziel entwickelt, Gott zu werden; oder anders formuliert: das Ziel des Werdens des Menschen in Christus war nicht das Gottessein. Vielmehr war Christus von Ewigkeit her stets Gott.

Diese Begriffsbestimmung des Thomas wird außerordentlich interessant und eigentlich erst dann aussagefähig, wenn man sie mit der Erkenntnis des „Fünften Evangeliums" verbindet, die auch in der „Geistigen Führung des Menschen und der Menschheit" im Hinblick auf die Jordan-Taufe angedeutet wird: daß zu diesem Zeitpunkt das menschliche Ich der Zarathustra-Individualität die Organisation des Jesus verlassen hat und die Christus-Wesenheit in diese Organisation einziehen konnte. In der Tat: hier ist der Mensch *nicht* Gott geworden! Im weiteren wäre dann noch zu betrachten, wie die umgekehrte Formulierung, daß nämlich Gott Mensch geworden sei, im Sinne des „Fünften Evangeliums" aufzufassen ist.

Gott und Mensch im Verständnis des „Fünften Evangeliums"

Im dritten der 1913 über das „Fünfte Evangelium" in Kristiania gehaltenen Vorträge spricht Rudolf Steiner zumindest indirekt über das Verhältnis von Gott und Mensch in Jesus Christus.[12] Hier wird deutlich, daß sich die Inkarnation des Christus-Wesens im strengen Sinne nicht in einen Menschenleib hinein vollzieht, sondern in die *Erde*. Die drei Jahre des Christus in der Leibesorganisation des Jesus werden als die Embryonalentwicklung des Christus-Wesens begriffen, nicht als sein „Erdenleben". Dieses beginnt erst nach den drei Jahren des Christus in der Leibesorganisation des Jesus, wenn Christus in die Erdensphäre eingeht, wie der Mensch nach seinem Tod den Übergang in die geistige Welt vollzieht. Wichtig ist, sich vor Augen zu führen (obwohl Rudolf Steiner nicht darauf hinweist), daß unter „Erde" dabei der Entwicklungsort der Menschen verstanden wird. Erde ist dort, wo die Seelen der Menschen sind – es ist nicht nur irgendetwas Mineralisches oder der entsprechende Weltenkörper im Sinne seiner physischen Existenz gemeint.

So setzt das „Fünfte Evangelium" ein mit der „Geburt" des Christus, d. h. mit der Kreuzigung und ihren Folgen, nämlich dem Pfingstereignis. Von da aus wird der Blick auf die Embryonalentwicklung des Christus-Wesens gelenkt, nämlich auf die drei Jahre, die Christus im Leib des Jesus auf der Erde existierte. Dann ist es möglich, von diesen Voraussetzungen aus auch das Leben des Menschen Jesus in einer Perspektive zu beschreiben, die über den Gesichtspunkt der vier im Neuen Testament überlieferten Evangelien hinausgeht.

Verschiedene Elemente der Vorträge geben zu erkennen, daß die drei Jahre Christi in der Leibesorganisation des Jesus ein göttliches, kein menschliches Leben waren. Verdeutlicht man sich diesen Aspekt der Christologie des „Fünften Evangeliums", so wird auch nachvollziehbar, warum in diesen drei Jahren kein Karma ausgelebt oder veranlagt wurde. Es wird eine sehr exakte Trennung zwischen Menschensohn und Gottessohn vollzogen: Zunächst wird der Weg des Gottes in den drei Jahren geschildert; erst anschließend kann das Leben des Jesus dargestellt werden. Gegenüber der theologischen Tradition wird hier zwischen den Zeilen (an keiner Stelle explizit) angedeutet, daß auch in Christus Jesus der Gottessohn, der göttliche Logos und Gott selbst begegnet, kein irgendwie vergöttlichter Mensch, kein Gottmensch o. ä. Aus der ganzen Darstellungsart ergibt sich, daß die Vermenschlichung des Gottes noch nicht geschehen ist, sondern sich in der Menschheitsentwicklung insgesamt erst noch vollziehen muß.

Vor den drei Jahren Christi in der Leibesorganisation des Jesus war im Leben Jesu der *Menschensohn* anwesend; dieser aber hat die Leibesorganisation verlassen, bevor Christus in sie eingegangen ist. Nur auf diese Weise sind die Wunder erklärbar, von denen in der christlichen Überlieferung berichtet wird: der *Gottessohn* hat sie vollbracht – der Menschensohn hätte es nicht vermocht. Dagegen spricht auch nicht, daß im Laufe der drei Jahre Christi in der Leibesorganisation des Jesus allmählich eine Machtlosigkeit *des Gottes* entsteht. Diese Machtlosigkeit des göttlichen Wesens Christus wird größer in dem Maße, in dem sich die ätherische Organisation des Christus an den physischen Leib des Menschen Jesus anpassen muß. Jedoch bleibt Christus in dieser zunehmenden Machtlosigkeit ganz Gottessohn, d. h. er ist als *Gott* am Ende völlig machtlos, nicht als Mensch. Er wird als machtloser *Gott* gekreuzigt.

Das ist das neue Verständnis der Menschwerdung *des Gottes*. Er bleibt dabei Gott. Die Menschwerdung dieses Gottes ist noch nicht zu Ende, sondern sie vollzieht sich in der weiteren Menschheitsentwicklung, in der Christus in der Erdensphäre bei den Menschen lebt. Das Ziel dieser Entwicklung *als Entwicklung der Menschheit* besteht darin, daß ein neuer Leib des Christus entsteht. Dieser neue Leib wird die Erde sein, wie sie vom Menschen verwandelt sein wird. An dieser Stelle ist noch einmal in anderer Perspektive nachvollziehbar, warum die Entwicklung der Menschheit als Geistesgeschichte für die Christologie so ungeheuer wichtig ist: diese Entwicklung beschreibt nichts anderes als den weiteren Prozeß der Menschwerdung Christi. So unterscheidet sich auch die Menschheitsgeschichte vor dem Mysterium von Golgatha von der Menschheitsgeschichte danach; erst nach der Kreuzigung beginnt der Prozeß der Inkarnation Christi in der Entwicklung der Menschheit.

Ausblick: Zur gegenwärtigen Offenbarung Christi

Die Inkarnation des Christus in die Erde (d. h. in die Entwicklung des Menschen) ist ein Prozeß; er hat mit den Ereignissen auf Golgatha begonnen und dauert heute noch an. So kann man Ausführungen Rudolf Steiners über das sogenannte Wiedererscheinen Christi im Ätherischen am Ende dieses Jahrhunderts als eine Stufe innerhalb dieses Prozesses ansehen. Weitere Entwicklungsschritte innerhalb des Inkarnationsprozesses des Christus-Wesens werden ihm folgen.

In dem apokryphen, d. h. kirchlich nicht anerkannten Philippus-Evangelium findet sich eine Stelle, in der von der Offenbarung Christi die Rede ist: „Er hat sich nicht so offenbart, wie er an sich war; sondern er hat sich so offenbart, wie sie ihn sehen konnten. Allen Geschöpfen offenbarte er sich. Er offenbarte sich den Großen als Großer. Er offenbarte sich den Kleinen als Kleiner. Er offenbarte sich den Engeln als Engel und den Menschen als Mensch.“[13] Diese Aussage enthält unausgesprochen eine Zukunftsbeschreibung. Die Formulierung, daß Christus sich den Menschen als Mensch offenbarte, blickt zurück auf die dreijährige Erdenzeit des Christus in Palästina. Die Formulierung, Christus offenbare sich den Engeln als Engel, weist dagegen auf eine Zukunft: auf eine Erscheinungsweise des Christus im Element der höheren Hierarchien, d. h. im Bereich des Geistig-Gedanklich-Ätherischen. Was hier im Philippus-Evangelium, der Verständnisweise der Zeit entsprechend, einfach nebeneinander dargestellt ist, kann auch als eine geschichtliche Abfolge innerhalb der Menschheitsentwicklung begriffen werden – als allmähliche Offenbarung oder Erscheinung des Christus auf verschiedenen Wirklichkeitsstufen. So offenbart sich Christus als Mensch den Menschen zu einer anderen Zeit als den Engeln als Engel.

Die zitierte Stelle des Philippus-Evangeliums schließt mit der Bitte, daß die Menschen, die „Abbilder", den Engeln in Zukunft gleich werden mögen. Man kann sich fragen, ob mit diesem Blick in eine Zukunft nicht die heutige Gegenwart angesprochen ist, die Rudolf Steiner als Zeitpunkt der erwähnten Christus-Ereignisse bezeichnet. In diesem Sinne spricht das Philippus-Evangelium in unsere Gegenwart hinein. Christus offenbart sich den Engeln als Engel, wenn die Menschen engelgleich geworden sind und einen Zugang zu dem ehemals den Engeln vorbehaltenen Bereich besitzen – nämlich in der „engelgleichen" Erkenntnis der ätherischen Wirklichkeit.

Es kann sich nun die Frage stellen, wie sich Vergangenheit und Gegenwart, die Offenbarung Christi als Mensch und seine Offenbarung als Engel, zueinander verhalten. In welcher Beziehung stehen die drei Jahre Christi in der Leibesorganisation des Jesus zu dem Zeitpunkt, der als der Beginn der Erscheinung Christi im Ätherischen gelten kann? Eine Antwort mit fast unerschöpflichem Gehalt findet sich in der Aussage des Johannes-Evangeliums im Hebräer-Brief des Neuen Testaments (13,8):

> Jesus Christus, gestern und heute, und derselbe auch in Ewigkeit.

Die Aussage besteht aus drei Gliedern. Wäre nur gemeint, daß Jesus Christus derselbe in Ewigkeit ist, so wären die beiden ersten Elemente überflüssig. So weist der kurze Spruch darauf hin, daß Jesus Christus ein anderer gestern, ein anderer heute ist, daß er aber trotzdem derselbe in Ewigkeit ist. Zunächst also ist zu unterscheiden zwischen Jesus Christus gestern und Jesus Christus heute. Jesus Christus gestern: die drei Jahre Christi in der Leibesorganisation des Jesus und das Leben Jesu, das diese Verbindung des Christus mit der Leibesorganisation ermöglichte und vorbereitete. Jesus Christus heute: die damalige Zukunftsaussicht des Philippus-Evangeliums, die Vereinigung des Menschen mit dem Engel im Hinblick auf Erkenntnisfähigkeiten. Christus erscheint heute in einem Element, das nur gedanklich-geistig zugänglich ist; er erscheint nicht in einer Leibesorganisation, die derjenigen des Jesus vergleichbar wäre. Daraus ergibt sich die Aufgabe, die Beziehung von Gott und Mensch in Jesus Christus in anderer Weise zu denken als vor 2000 Jahren. Was damals dem Verfasser des Philippus-Evangeliums noch als Offenbarung Christi für die Engel erscheinen mußte, kann heute auf den Menschen bezogen werden. Die Beziehung von Gott und Mensch, damals an einer Leibesorganisation auch physisch gegeben, muß heute im Bereich des Ätherischen gesucht werden. Dies ist aus der Sichtweise der geisteswissenschaftlichen Christologie möglich, weil (wie oben dargestellt) die Inkarnation Christi als ein Entwicklungsvorgang begriffen wird, der seit 2000 Jahren andauert und sich in die Erde, d. h. in die Menschheitsentwicklung hinein vollzieht.

So besteht die gewaltige Aufgabe, eine Erkenntnisart auszubilden, die nicht bei „Jesus Christus gestern“ stehenbleibt; sie könnte den Graben zwischen gestern und heute nicht überbrücken. Die neue Erkenntnisart muß in der Lage sein, „Jesus

Christus heute“ so zu erkennen, daß auch das letzte Element der Aussage realisiert werden kann: „derselbe auch in Ewigkeit“. Dies ist nur möglich, wenn es gelingt, zwischen dem Gestern und dem Heute des Christus einen *geistesgeschichtlichen Zusammenhang* herzustellen. Nur wenn der Entwicklungszusammenhang zwischen dem Gestern und dem Heute der Christus-Wirklichkeit erkannt wird, kann auch die Identität des Christus in dieser Entwicklung, also seine Ewigkeit, festgestellt werden. Das Verhältnis von Gott und Mensch in Christus ändert sich im Zuge seiner Inkarnation in die geistige Erde – deshalb existiert Christus nicht nur in Ewigkeit, sondern auch gestern und heute, d. h. heute anders als gestern. „Derselbe“ kann er dabei nur sein, wenn der Mensch sich in die Lage versetzt, diese ewige Identität des Logos, des Gottessohnes durch die Stufen seiner Menschwerdung hindurch zu begreifen. Gelingt es nicht, diesen Zusammenhang herzustellen, ihn in der geistesgeschichtlichen Entwicklung der letzten 2000 Jahre zu begreifen und so den Übergang von Jesus Christus gestern zu Jesus Christus heute zu vollziehen, so bleibt keine Alternative, als bei Jesus Christus gestern stehenzubleiben. Das würde bedeuten, einen vergangenen Entwicklungsschritt der Christus-Inkarnation zu fixieren und das Verhältnis von Gott und Mensch an einer bestimmten Stelle unverrückbar festzuschreiben. Dann würde aber auch die Ewigkeit Jesu Christi verlorengehen, denn diese ist im Sinne der wiedergegebenen Aussage nur zu erreichen, wenn der Zusammenhang zwischen dem Gestern und dem Heute gedacht wird.

Anmerkungen

1 Der nachfolgende Aufsatz ist nicht aus dem gleichnamigen Vortrag zur „Geistigen Führung des Menschen und der Menschheit" hervorgegangen.
2 Rudolf Steiner: Die geistige Führung des Menschen und der Menschheit (GA 15), S. 24 f (1987).
3 A. a. O., S. 25.
4 A. a. O.
5 Vortrag vom 2. Oktober 1913 (GA 148).
6 Etwa im Vortrag vom 18. April 1909 (GA 110).
7 Vortrag vom 2. Oktober 1913 (GA 148).
8 Thomas von Aquin: Summa theologica II, 16, 1.
9 A. a. O. 16, 2.
10 A. a. O. 16, 6.
11 A. a. O. 16, 7.
12 Vortrag vom 3. Oktober 1913 (GA 148).
13 Philippus-Evangelium, Spruch 25. In: Johannes Leipoldt, Hans-Martin Schenke: Koptisch-gnostische Schriften aus den Papyrus-Codices von Nag-Hamadi, Hamburg 1960.

DAS HÖHERE SELBST UND DIE CHRISTUSKRÄFTE IM MENSCHEN

KARL-MARTIN DIETZ

Immer mehr Menschen ahnen eine höhere Macht, die in ihrem Leben wirksam ist. Unsummen psychologischer und biologischer Forschung werden aufgewandt, um sie beispielsweise im Unterbewußten oder in der Physiologie des Gehirns dingfest zu machen. Rudolf Steiners Buch „Die geistige Führung des Menschen und der Menschheit“ (1911) bringt zu dieser Frage einen ungewohnten und weitreichenden Ansatz. Auf ihm beruhen die nachfolgenden Überlegungen.

Man findet höhere Kräfte zunächst in der Kindheit, bevor die Erinnerungsfähigkeit einsetzt. Aufrechter Gang, Sprechen und Denken werden gelernt. Niemals mehr im ganzen späteren Leben wird der Mensch eine derartige Lernleistung vollbringen wie in seinen ersten Jahren. Ist das Aufrichten aber z. B. stammesgeschichtlich zu verstehen? – Eines Tages hingen die Bananen hoch oben, und einer, der zufällig eine Aufrichte-Bewegung machte, kriegte mehr davon als die anderen, die danach klettern mußten. So bekam der aufrechte Gang des Menschen einen Selektionswert und hat sich in der Evolution „durchgesetzt“. – Genügt eine derartige Sicht zur Erklärung? Daß das Sprechen nicht allein in sozialer Abhängigkeit erworben ist, wird heute schon von einigen gesehen.[1] Und wenn schließlich Denken substantiell auf Vererbung und Milieu beruhte, wie sollte es dann je zu Innovationen kommen, zu neuen Ideen? Wie könnte Denken zukunftbestimmend werden, wenn es vollständig von Gewordenem abhinge?

Schon die drei vorbewußten Fähigkeiten des kleinen Kindes, die mit nichts zu vergleichen sind, was der Mensch später noch lernen kann, weisen hin auf die Wirkung höherer Kräfte im Menschen. Aber die Fähigkeiten sind gerade dadurch gekennzeichnet, daß sie wie in einer Traumwelt wirken, ohne waches Bewußtsein.

Spuren des höheren Selbst

Wo bleiben diese Kräfte im späteren Leben? Auf vier Erfahrungs- und Tätigkeitsfelder wird verwiesen: Ideale, künstlerisches Schaffen, die Heilkräfte im Körper und Kräfte zur Erkenntnis der geistigen Welt.

Ideale zu haben heißt, über den engen Lebensumkreis hinaus sich selbst Zukunftsziele setzen zu können. Ideal ist Idee, die zur Tat wird. Die Idee stammt nicht aus Tradition oder Erfahrung. Sie ist als solche im Bereich des sinnlichen Lebens nicht zu finden. Der Mensch, der das Ideal faßt, schickt sich an, die Idee zu verwirklichen. Dabei gibt es Klippen. In der Jugend entstehen Ideale oftmals wie von selber; später aber, vielleicht gegen das dreißigste Lebensjahr zu, kommt dann zum Bewußtsein: Die bisherigen Ideale sind verbraucht. Neue Ideale kommen nicht mehr von selbst; sie müssen von mir bewußt erzeugt werden, oder die Lebenswirklichkeit ergreift mich und drückt mich nieder. Habe ich die Kraft, mir selbst realistische Ideale zu setzen? Ideale, die mein Leben verwandeln und dabei Zusammenhänge meines Lebens mit einem größeren Ganzen herstellen? – Hier lauern auch Gefahren: Die Gefahr des Abhebens in Illusionen, umgekehrt die des Festfahrens, des Verspießerns. Wo die Dynamik der Ideale schwindet, wird das Bewußtsein oftmals von festen Maximen besetzt, über die nicht mehr zu diskutieren ist. Bewußtseinsvereisungen dieser Art sind heute wieder im Zunehmen. Ansätze dazu kann wohl jeder in sich selbst bemerken. – Wenn es andererseits gelingt, Ideale bewußt zu erzeugen, so hat dies große Bedeutung für das weitere Leben. Lebe ich in vorgezeichneten Bahnen, seelisch auf mich selbst geworfen, isoliert in der Masse der Mitmenschen, von denen ich mich dann vielleicht nur noch durch mehr oder minder bizarren Eigensinn abzuheben suche? Oder gelingt es, realistische Ideale zu erzeugen? „Realistisch" wären sie dann, wenn sie nicht allzu weit ablägen von meinen Fähigkeiten und wenn sie vor allem den Zukunftsnotwendigkeiten möglichst konkret entsprächen. Kann ich solche Ideale erzeugen, dann bemerke ich: Sie kommen nicht nur aus mir, und sie bringen mich gleichzeitig in einen weiten Zusammenhang mit meiner Mitwelt.

Über künstlerisches Schaffen als Tätigkeitsfeld des höheren Menschen wäre selbstverständlich eine eigene Abhandlung nötig.[2] Es mag hier nur daran erinnert werden, daß heute beispielsweise der Zusammenhang zwischen dem Künstlerischen und der Bildung neuer Fähigkeiten immer deutlicher gesehen wird. So bezieht z. B. die Weiterbildung von Managern seit etlichen Jahren das Künstlerische mit ein. Menschen, die sonst den ganzen Tag viertelstundenweise nach dem Kalender leben, verbringen plötzlich ein langes Wochenende damit, einen Pinsel in die Wasserfarben zu tunken und etwas auf ein Blatt zu malen, es anzuschauen und sich mit den Nachbarn darüber auszutauschen. Sie tun das nicht um der Kunst selber willen, sondern weil der Effekt bemerkbar ist: Künstlerisches (es handelt sich ja hier noch nicht um wirkliche Kunst) fördert die Innovations- und Gestaltungsfähigkeit des Bewußtseins. Und diese wird heute gerade im Wirtschaftsleben gebraucht. Dahinter verbirgt

sich eine Suche nach dem höheren Selbst, auch wenn dies nicht immer voll zum Bewußtsein kommt.
Wie künstlerische Kreativität mit höheren Kräften des Selbst zusammenhängt, beschreibt z. B. Hilde Domin. Sie spricht von ihrer „Wiedergeburt" im November 1951, von der an sie ihr „zweites Leben" als Dichterin führte. „Als ich nach dem Tode meiner Mutter ... an eine Grenze kam, da hatte ich plötzlich die Sprache, der ich so lange gedient hatte. Ich wußte, was ein Wort ist. Ich befreite mich durch Sprache. Hätte ich mich nicht befreit, ich lebte nicht mehr. Ich schrieb Gedichte ... Schreiben war Rettung. Ich war 39 Jahre alt, als mein Leben, wie von selbst, zur Vorgeschichte wurde für das zweite Leben, das ich seither führe. ... Den Eintritt in dies neue Leben habe ich so formuliert: 'Ich stand auf und ging heim in das Wort. Ich richtete mir ein Zimmer ein in der Luft/unter den Akrobaten und Vögeln. Von wo ich unvertreibbar bin'".[3] Hilde Domin erlebt ihre Werke nicht als subjektive Produkte, „weil die Sprache mehr mitführt als der Autor selber weiß." Sie erlebt ein „Mehr, das jenseits von Willen und Wissen des Autors im Text und der Deutung ebenso fähig wie unfähig ist, sich zugleich anbietet und entzieht." „Es wurde mir ad oculos bewiesen, was mir theoretisch ja bekannt war, daß die Sprache mehr weiß als ich ...".[4]

Um die Heilkräfte im Körper zu verstehen, muß die kosmische Dimension dieser Kräfte einbezogen werden. Das damit verbundene Problem kennen wir heute recht gut. Defekte des Immunsystems, von Allergien bis zu Aids, bestimmen mehr und mehr unser Alltagsleben. Das öffentliche Gesundheitswesen hat diese Kräfte als solche vernachlässigt und sich stattdessen der Erregerbekämpfung zugewandt. Die Folge ist, daß wir vor dem Zusammenbruch dieses Gesundheitswesens stehen. Zunächst beunruhigte die rapide Zunahme der von „Heilbehandlungen“ sekundär hervorgerufenen Erkrankungen, der sogenannten iatrogenen Krankheiten.[5] Dieses alarmierende und bis heute keineswegs bewältigte Phänomen wurde dann im öffentlichen Bewußtsein überlagert durch die Kostenproblematik. Das Gesundheitssystem ist unbezahlbar geworden. Auf dem Hintergrund dieser Erfahrung wird jetzt mehr und mehr nach Heilmethoden gesucht, die die Heilungskräfte des Körpers stärken. Und es werden landwirtschaftliche Produktionsmethoden gesucht, die die Lebenskräfte in der Nahrung fördern. Auch in dieser Hinsicht drängt heute vieles heraus aus der isolierten Betrachtung des Physischen. Die Suche nach den lebensgestaltenden Kräften in der Natur und im Menschen hat längst auf breiter Front begonnen. Der Zusammenhang dieser Kräfte mit der geistigen Natur des Menschen, von dem Rudolf Steiner 1911 sprach, wird heute schon geahnt. Er ist aber noch wesentlich deutlicher herauszuarbeiten.

Auf dem letzten der genannten Erfahrungsfelder liegen die Kräfte zur Erkenntnis der geistigen Welt. Sie werden heute vielfach gesucht. Offen bleibt dabei in der Regel, was „geistige Welt“ ist. Man spricht von Bewußtseinserweiterung und meint damit häufig einfach ein Befähigungstraining, ohne nach der zugrundeliegenden Wirklichkeit zu fragen. Dabei kennt die Geistesgeschichte sehr wohl den Zusammenhang zwischen Erkenntnisfähigkeit und geistiger Wirklichkeit. So stellt Thomas von Aquin im Anschluß an Aristoteles die Frage, was der Grund dafür sei, daß alle Menschen nach Erkenntnis streben. Als letzten und wichtigsten Grund findet Thomas, daß „es für jede Sache wünschenswert ist, mit ihrem eigenen Ursprung vereinigt zu werden; denn darin besteht die Vollendung jedes einzelnen“. Die Menschen suchen also nach Erkenntnis, weil es auch für den Menschen wünschenswert ist, mit seinem eigenen Ursprung (principium) vereinigt zu werden. Zukunftsziel ist die Vereinigung mit dem Ursprung! Für den Menschen heißt das zugleich, vereinigt zu werden mit den „abgetrennten Substanzen", den Engeln, die die Ursprünge des menschlichen Geistes sind. Zu ihnen „verhält sich der menschliche Geist wie ein Unvollkommenes zum Vollkommenen, mit ihnen verbindet sich der Mensch nur durch den Geist (intellectus): daher besteht darin das letzte Glück des Menschen. Und daher strebt der Mensch von Natur aus nach Erkenntnis." Diesen Gesichtspunkt stellt Thomas in einen noch größeren Zusammenhang hinein in seinem Compendium der Theologie: Dem Menschen wird durch die Menschwerdung Christi ein gewisses Beispiel oder Vorbild (exemplum) für jene selige Vereinigung (beata unio) gegeben, durch die der erschaffene Verstand des Menschen mit dem unerschaffenen Geist der höheren Hierarchien im Verstehen vereinigt wird. Die Menschwerdung Christi gibt also ein Beispiel für die Vereinigung, durch die der Verstand der Menschen mit dem unerschaffenen Geist Gottes oder der höheren Hierarchien im Verstehen vereinigt wird. Dadurch wird die Gesamtheit des göttlichen Werkes vollendet. Indem der Mensch im Erkennen seinen Ursprung aufsucht, arbeitet er mit an der Vollendung der Schöpfung.[6] Dieser Gedanke, der von Aristoteles zu Thomas von Aquin entrollt wird, ist im Buch Rudolf Steiners komprimiert. Der Mensch hat im Erkennen Anteil am schaffenden Geist Gottes. „Kreativität" heißt ja „Schaffenskraft". Und eben diese ist ihm nach Thomas von Aquin verliehen. Der Mensch hat die Aufgabe, diesen Anteil am schaffenden Geist Gottes einzusetzen zur Vollendung der Schöpfung. Der Zusammenhang des tätigen Menschengeistes mit Ursprung und Ziel des Menschen wird dann realisiert. Im Erkennen liegt eine Art Heimkehr in die geistige Heimat. Der Ausgang von dort („Sündenfall") war unbewußt, die Rückkehr zum Ursprung aber ist bewußt zu leisten.

All diesen Erfahrungsfeldern, so verschieden sie scheinen, liegen Gestaltungskräfte zugrunde. Sie kommen nicht mit gleicher Deutlichkeit zum Bewußtsein, und doch beruht das menschliche Leben auf ihnen. Manchmal scheinen sie aus dem Innern des Menschen zu kommen, ein andermal wirken sie wie von außen ein. Das all diesen Wirkungen Gemeinsame sei hier als „höheres Selbst des Menschen" bezeichnet. Während für das gewöhnliche Ich von vornherein klar ist, wo die Grenze zum Nicht-Ich (zur Welt) verläuft, ist das für das höhere Selbst vorläufig unklar. Die nachfolgenden Darlegungen sollen hierzu einige Aspekte beitragen.

„Wenn ihr nicht werdet wie die Kindlein"

Warum sind die schaffenden Kräfte, die den Menschen zum Aufrichten, Sprechen und Denken bringen, zunächst nur in den ersten drei Jahren wirksam? Darauf gibt es zwei Antworten: Erstens würde der Mensch Kind bleiben, kein Ich-Bewußtsein entwickeln. Und zweitens ist die menschliche Wesenheit durch den Einfluß anderer Wesen im Lauf der Zeit schlechter geworden. Leiden, Krankheit und Tod sind in die Wesenheit des Menschen eingezogen. Sie würde es nicht ertragen, den Ursprungskräften noch unmittelbar ausgesetzt zu sein.

Beide Gesichtspunkte sind in der Geistesgeschichte bekannt. Der griechische Ependichter Hesiod (um 700 v. Chr.) beschreibt die Abfolge der Weltalter. Götter und Menschen sind gleichen Ursprungs. Dann trennen sie sich immer mehr voneinander. Zunächst kommt das goldene Geschlecht. Da leben die

Menschen ohne Alter. Sie sterben nicht eigentlich, sondern Sterben ist wie Einschlafen. Sie brauchen nicht zu arbeiten, sie haben keinen Kummer; sie leben in ständigen Festen, also noch ähnlich den Göttern. Im zweiten, dem silbernen Zeitalter erleben die Menschen eine hundertjährige Kindheit, dann aber kommt ein rasches Ende, das sie sich durch eigene Torheit, durch Maßlosigkeit und Gewalt selbst zufügen. Sie scheitern sozusagen an ihrer Pubertät, die allerdings erst nach 100 Jahren eintritt. Die Menschheit ist deutlich schlechter geworden. Das setzt sich dann in den weiteren Zeitaltern fort. Schlechter zu werden ist im Bild des alten Epos gleichbedeutend mit Verkürzung und Verlust der Kindheit. Ein ähnlicher Zusammenhang wird auch in einer Alternativerzählung zu den Weltaltern beschrieben, im Mythos von Prometheus. Die von Prometheus gebrachte Entwicklung ist ambivalent, sie ist willkommen oder unliebsam, je nach Blickwinkel. Die Gemeinsamkeit mit den Göttern geht verloren, andererseits wird der Mensch selbständig. Der Mensch fällt aus dem Einklang mit der Natur heraus, er erwirbt sich dafür technische Fähigkeiten, um sich selbst helfen zu können. Einerseits entstehen jetzt Krankheiten, andererseits aber werden Heilmittel gefunden. Die Zeit vor Prometheus kann als die große, göttergleiche Vergangenheit des Menschengeschlechts angesehen werden. Auf der anderen Seite sieht der Mensch aufgrund der von Prometheus vermittelten Fähigkeiten eine große Zukunft vor sich.[7]

Der Zusammenhang der Kindheitskräfte mit den höheren Kräften des Menschen wird angesprochen in dem Christus-Wort: „Wenn ihr nicht werdet wie die Kindlein, könnt ihr nicht in das Reich der Himmel kommen“ (Matthäus 18,3). Damit wird nicht etwa ein Freibrief für Naivität ausgestellt. Der Satz hat vielmehr einen präzisen Sinn im Hinblick auf das höhere

Selbst. „Die Jünger traten zu Jesus und sprachen: Wer ist doch der Größte im Himmelreich? Jesus rief ein Kind zu sich und stellte es mitten unter sie und sprach: Wahrlich ich sage euch: Es sei denn, daß ihr euch umkehret und werdet wie die kleinen Kinder, so werdet ihr nicht ins Himmelreich kommen. Wer nun sich selbst erniedrigt, wie dies Kind, der ist der Größte im Himmelreich. Und wer ein solches Kind aufnimmt in meinem Namen, der nimmt mich auf" (Matthäus 18,1–5). Hier hängen folgende Motive eng zusammen:

- Umkehr des Lebens: werden wie die kleinen Kinder.
- Werden wie die kleinen Kinder ist Voraussetzung, um ins Himmelreich zu kommen.
- Im Kind ist Christus: Wer das Kind aufnimmt, der nimmt Christus auf.

Was „aufnehmen" heißt, kann bei Markus (10,13–15) und Lukas (18,15–17) noch deutlicher erkannt werden. Beide berichten: Man brachte Kinder zu ihm, „daß er sie anrührte". Als die Jünger das wehren wollten, rief Jesus die Kinder zu sich und sprach: Lasset die kleinen Kinder zu mir kommen und wehret ihnen nicht, denn ihrer ist das Reich Gottes (basileia tu theu). Dann folgt der Satz: „Wahrlich ich sage euch: Wer nicht das Reich Gottes annimmt (= aufnimmt – dechomai) wie ein kleines Kind, der wird nicht hineinkommen." Um in das Reich Gottes zu gelangen, müssen also die Eigenschaften des kleinen Kindes erworben werden. Wiederum wird Kindsein mit Christus identifiziert. Die Aufnahme Christi ist Voraussetzung dafür, ins Reich Gottes zu gelangen. Was muß man dazu tun? Matthäus, Markus und Lukas geben gleichlautend ein Beispiel: Einer fragt Jesus, wie er das ewige Leben erlangen könne. Jesus zählt die mosaischen Gebote als Voraussetzung dafür auf und fügt hinzu, daß man sich außerdem von seinem irdischen Besitz trennen muß – eine besonders schwierige Prüfung für die Wohlhabenden („Eher geht ein Kamel durch das Nadelöhr . . ."). Zugleich wird aber deutlich, daß es sich nicht um ein spezifisches Problem von Reichen handelt, sondern um ein allgemein menschliches. Es genügt nicht, nach den Gesichtspunkten des höheren Lebens zu leben (nach den 10 Geboten), sondern man muß damit aufhören, sich selbst im irdischen Leben beheimatet zu fühlen. „Dann wirst du einen Schatz im Himmel haben".

Das höhere Selbst ist eine radikal andersartige Daseinsform als das irdische, nicht einfach dessen Erweiterung. Es sind Kindheitskräfte, die man aufzunehmen hat, und durch die Kindheitskräfte Christus; die Heimat des Menschen ist im Reich Gottes zu suchen, nicht auf Erden.

Zu „werden wie die Kindlein" bezeichnet somit das höchste Ziel für den Menschen. Er gewinnt dadurch ein bewußtes Verhältnis zu den schaffenden Kräften, die in den ersten Kindheitsjahren unbewußt in ihm gewirkt haben. Die kosmischen Kräfte metamorphosieren sich in Individualkräfte. Kreativität, Tatkraft und Geistesgegenwart – die meistgesuchten Fähigkeiten in heutiger Zeit – brauchen gar nicht irgendwo anders hergeholt zu werden. Sie sind aus der Kindheit heraus für das spätere Leben zu erhalten, indem eine bewußte Beziehung zu ihnen individuell aufgebaut wird. Daß diese Sicht die Aufgabe der Kindererziehung revolutionieren müßte, sei hier nur nebenbei angemerkt: Erziehung als stufenweise Verwandlung der Kindheitskräfte in das spätere bewußte Leben!

„Ich bin der Weg, die Wahrheit und das Leben"

Es bleibt die Frage: Wie kann der erwachsene Mensch diese Kindheitskräfte individualisieren? Die Antwort geht wieder von einem Christuswort aus: „Ich bin der Weg, die Wahrheit und das Leben" (Johannes 14,6). Also: Ich bin der Träger der höheren Kindheitskräfte, die sich darleben in Aufrichten, Sprechen und Denken des Menschen.

Nicht wird gesagt: „ich mache", „ich bewirke" oder „ich zeige", sondern: „ich bin". Hier wird gesprochen im Sinne dessen, was Thomas von Aquin „selige Vereinigung" (beata unio) nennt. Die wirkenden Kindheitskräfte sind die Christuskräfte. Hesiod stellt die Entwicklung der Menschheit als Verlust der Kindheit dar – in Christus ist die verlorene Kindheit wieder gegenwärtig. Der Sündenfall zieht die Abtrennung der Menschen vom „Reich Gottes" nach sich – die in Christus anwesenden und wirksamen Kindheitskräfte führen wieder zurück zur verlorenen Einheit mit Gott. Dem Ich-Bin-Wort folgt unmittelbar der Satz: „Niemand kommt zum Vater, denn durch mich." – In Christus sind die Kindheitskräfte nicht verloren, sondern wieder anwesend und wirksam. Sie können mit seiner Hilfe auch in das bewußte Leben des Erwachsenen eingehen.

Entscheidend ist der Zusammenhang von Weg, Wahrheit und Leben. Der Weg führt zur Wahrheit. Er ist nicht ziellos, endet nicht pluralistisch oder in Resignation. Er ist auch keine abgelöste, sich selbst genügende Methodik mit gleichgültigem Ergebnis. Es gibt Weg-Fanatiker, die am menschlichen Zusammenleben nur das Verfahren interessiert: wurde niemand übergangen, kam jeder zu Wort, sind die Formen gewahrt? So, wie wenn bei einem Gerichtsverfahren der Urteilsspruch gleichgültig wäre – Hauptsache, er ist auf einwandfreie und unanfechtbare Weise

zustandegekommen. Weg ohne Wahrheit erschöpft sich in der Prozedur. Im Namen Christi aber ist der Weg vom Ziel nicht zu trennen. – Dies ist auch für die Wahrheit selbst von Bedeutung: Wahrheit ist nicht ohne den individuellen Weg. Sie wird nicht einfach verkündet und mit der Erwartung verbunden, daß man sie einfach anzunehmen habe. Sie erscheint überhaupt erst auf dem Weg. Wer den Weg beschreitet, wird in das Reich der Wahrheit erhoben. Wer Wahrheit ohne den Weg will, den kümmert nicht, wie er zu seiner Wahrheit gekommen ist noch wie andere dazu kommen können. Er wird am Ende zum Fundamentalisten. Er läßt Wahrheit nur als allgemeinen Anspruch, nicht aber als individuelle Errungenschaft gelten.
Unter solcher „Wahrheit", die sich verabsolutiert, leidet die Menschenwürde; es leidet aber auch die „Wahrheit" selbst. Sie wird etwas anderes, wenn der Weg zu ihr gehört.
Wahrheit ist dabei nicht das Ergebnis bloß subjektiven menschlichen Nachdenkens, sondern Wahrheit ist zugleich Wirklichkeit. Wahrheit und Wirklichkeit fallen in dem hier zugrundeliegenden griechischen Begriff „aletheia" zusammen. Aletheia ist die den Erscheinungen zugrundeliegende Wirklichkeit, die sich offenbart. Wahrheit ist nicht nur das richtig Gesprochene, sondern zugleich das wahrhaft Seiende.

Im „Ich-Bin" wird zur Einheit, was sonst als gegensätzlich gilt: individueller Bewußtseinsweg und göttliche Wirklichkeit, Weiterentwicklung des Menschen und ihr Ziel im „Reich Gottes". Dadurch erschließt sich noch eine neue Dimension, das Leben. Wahrheit oder Wirklichkeit kann man nicht wie von außen betrachten, kühl im Kopf, innerlich unberührt – eine interessante Theorie, aber vielleicht gibt es noch andere? –, sondern sie ist Wahrheit im Sinne von göttlichem Sein, das zugleich die Seele nährt. Der Anblick der Wahrheit baut die Seele auf. Er wird zum „Leben" in der Wahrheit. Die Eigentätigkeit auf dem Weg führt zum Schauen der Wahrheit. Ich nehme die Wahrheit in mich auf, und die Wahrheit nimmt mich in sich auf. Leben in der Wahrheit beschränkt sich nicht auf das Erkennen. Es ist eine umfassende Existenzform, die auch Handeln einschließt. – In den drei anderen Evangelien ist derselbe Zusammenhang im Motiv der „kleinen Kinder" schon angelegt. Durch die mit Christus identifizierten Kindheitskräfte kann der Mensch ins „Reich Gottes" gelangen. Weg, Wahrheit und Leben hängen auch dort unauflöslich zusammen. Bei Johannes wird dasselbe nüchtern-gedanklich formuliert: „Ich bin der Weg, die Wahrheit und das Leben. Niemand kommt zum Vater denn durch mich."

Die Darstellung Rudolf Steiners in der „Geistigen Führung des Menschen und der Menschheit" hat bis hierhin ein zentrales Motiv des Erdenwirkens Christi erschlossen: seinen Zusammenhang mit den Kindheitskräften des Menschen in dessen ersten Lebensjahren. Die Aufnahme dieser Kräfte ist die Voraussetzung dafür, daß der Mensch „zum Vater", „in das Reich Gottes" bzw. „in das Reich der Himmel" gelangen kann. Die frühe Kindheit unterscheidet sich vom späteren Menschenleben dadurch, daß in ihr höhere Kräfte bis ins Physische hinein wirken. Die Identifizierung dieser Kräfte mit Christus muß jedoch überraschen, wenn man – einer verbreiteten Auffassung zufolge – in Christus nichts anderes sieht als den vorbildlichen Menschen Jesus, der Anregungen für ein friedliches Zusammenleben gegeben und sich schließlich für die anderen Menschen geopfert hat. Was hat Christus mit den schaffenden Kräften der Welt zu tun? – Hier führt der Satz „Niemand kommt zum Vater denn durch mich" weiter. Christus spricht ihn zu seinen Jüngern am Ende seines Erdenlebens in den „Abschiedsreden" des Johannes-Evangeliums, in denen er seinen bevorstehenden Weggang, sein künftiges Wirken und den Sinn seines Erdendaseins darlegt.

Das Wort korrespondiert jedoch mit dem Prolog dieses Evangeliums, in dem von Christus gesprochen wird, bevor er sich der Welt der Menschen nähert und „Fleisch wird". Der Prolog endet mit Christus als dem Vermittler zum Vater: „Niemand hat Gott je gesehen; der eingeborene Sohn, der im Schoß des Vaters ist, jener hat auf ihn verwiesen".[8] Damit ist zugleich ein Zusammenhang zwischen dem präexistenten Christus im Prolog und der postexistenten Zukunft Christi in den Abschiedsreden hergestellt. Dieser Zusammenhang geht noch weiter: Zunächst sagt der Prolog, daß der Logos „bei Gott" und „ein Gott" war. Alles ist durch den Logos, und nur durch ihn, geworden. Dann wird das Verhältnis des Logos zur Menschenwelt so beschrieben:

1. In ihm war das Leben.
2. Das Leben war das Licht der Menschen. Dieses Licht wird wenig später als das „wahre Licht" bezeichnet, das alle Menschen erleuchtet. Auch sonst ist die Verbindung von Licht und Wahrheit im Evangelium geläufig.
3. Das Licht scheint in die Finsternis des Erdendaseins. Aus ihr führt der einziggeborene Sohn die Menschen heraus zum Vater.

Unschwer wird man hier das Motiv der Abschiedsreden wiedererkennen, in umgekehrter Reihenfolge (Leben, Wahrheit, Weg) und in einen großen, kosmischen Zusammenhang eingebettet. Der Zusammenhang zwischen dem „Ich bin" des Christus und den Schöpferkräften der Welt ist deutlich ausgesprochen. Der Logos, der schon im Ursprung da ist und durch den alles entstanden ist, bringt die Kräfte des Weltwerdens mit auf die Erde: das Leben, das Licht der Wahrheit und den Weg aus der Finsternis zum Vater. Christus ist nicht nur Vorbild für die Menschen, er wirkt nicht nur in deren Bewußtsein, soweit sie ihm folgen wollen, sondern in ihm verkörpert sich die gesamte Kraft des Weltwerdens.

Diese Kraft ist im kleinen Kind noch am stärksten wirksam. Wie kann sie im späteren Leben wirksam gemacht werden? – Auch darauf weist der Prolog des Johannes-Evangeliums hin: „Er gab ihnen die Fähigkeit, Kinder Gottes zu werden." Warum bedarf es dieser Fähigkeit? Das Licht scheint in der Finsternis, und die Finsternis hat es nicht begriffen. Durch das Licht ist die Welt gemacht, die Welt aber hat den Logos nicht erkannt. Die Menschen, die den Logos nicht aufnehmen, werden als „idioi" bezeichnet. Auf die Schwierigkeit der Übersetzung dieses Wortes kann hier nicht eingegangen werden.[9] Auf jeden Fall aber ist deutlich, daß in der Wortwahl „idioi" zugleich der Grund für das Nichtaufnehmen des Logos durchscheint. Die Menschen sind egoverhaftet. „Idios" meint die Einstellung, auf eigene Faust leben zu wollen und sich von den anderen getrennt zu halten (sprachverwandt z.B. mit lateinisch di-vid-ere = trennen). Ein „idiotes" ist im Griechischen einer, der sich nur für seine Privatangelegenheiten und nicht für das Allgemeinwohl engagiert. In demselben Sinne spricht Heraklit von Ephesus über das Verhältnis der Menschen zum Logos: „Obgleich doch der Logos gemeinsam ist, leben die Vielen, als hätten sie einen privaten (abgetrennten – idian) Verstand".[10] Zweifellos ist dies eine erste Folge des Ichwerdens der Menschen. Zu den so gewordenen Menschen kam nun der Logos und „nahm Wohnung in uns". Dann kommt das Entscheidende: „Allen aber, die ihn aufnahmen", – obwohl sie egohaft geworden waren – „denen gab er die Fähigkeit, Kinder Gottes zu werden." „Kinder Gottes" heißt, sich nicht im Irdischen beheimatet zu wissen, nicht aus „Blut", aus dem „Willen des Fleisches" oder aus dem „Willen eines Menschen" entstanden zu sein, sondern aus Gott – eine vollständige Umkehr des Lebensgefühls, wie sie auch im Zusammenhang mit den „Kindlein" der anderen drei Evangelien zum Ausdruck kam. Es heißt nicht: Er machte sie zu Kindern Gottes, sondern: Er gab ihnen die Fähigkeit, Kinder Gottes zu werden. Thomas von Aquin sagt dazu: „Man muß wissen, daß die Menschen Kinder Gottes werden, indem sie sich Gott verähnlichen (per assimilationem ad deum)". [11] – Die Menschen sind ichhaft geworden, abgetrennt vom göttlichen Ursprung. Christus begibt sich zu ihnen in die „Finsternis" ihres Erdendaseins, um ihnen die Fähigkeit zu verleihen, Kinder Gottes zu werden, d. h. den Anschluß an die göttlichen Ursprungskräfte selbst wieder zu suchen. Er gibt diese Fähigkeit ganz ausdrücklich „allen, die ihn aufnahmen". Was es heißt, Christus in sich aufgenommen zu haben , davon zeugt Paulus in seinem Brief an die Galater.

„Nicht ich, sondern Christus in mir"

Der Satz im Galater-Brief (2,20) heißt vollständig: „Ich lebe, aber nicht ich lebe, sondern es lebt in mir Christus." Mit „Leben" ist hier nicht das Leben in der Wahrheit oder im Reich Gottes gemeint, sondern das Leben im Fleisch. Also: Ich lebe auf Erden, aber nicht eigentlich ich, sondern es lebt in mir Christus – Christus, der das Leben in der Wahrheit ist.

Das Wort des Paulus erhält seinen besonderen Sinn vor dem Hintergrund der Bewußtseinsgeschichte. Das Selbst des Menschen mußte sich zunächst trennen vom kosmischen Geist und verfällt der „Finsternis". In den Anfängen der vorchristlichen Antike war diese Unterscheidung noch nicht so klar getroffen. Wenn in der griechischen Frühzeit (Homer) ein Mensch eine gewichtige Entscheidung zu fällen hat, dann kann es sein, daß ihm eine Göttin erscheint und sagt, wie er handeln soll. In anderen Fällen handeln Götter direkt durch den Menschen, der Mensch aber bleibt für seine Handlungen selbst verantwortlich. Ob es ein höheres Wesen ist, das handelt, oder ob ich es selbst bin, ist in der Frühzeit noch nicht so wichtig.[7] Diese Unterscheidung wird erstmals im fünften Jahrhundert vor Christus klar getroffen, z.B. von Protagoras von Abdera: „Der Mensch ist das Maß aller Dinge". Damit meint Protagoras durchaus auch den Maßstab dafür, ob es Götter gibt oder nicht. Durchsetzen konnte sich diese Ansicht jedoch eigentlich erst im Anbruch der Neuzeit. Noch bei Platon etwa wird der individuelle Charakter des menschlichen Geistes nicht recht deutlich. So wird er einmal beschrieben als Kraft der Seele, ein andermal hat der Geist kosmischen Charakter, und es fragt sich, wie weit er mit dem individuellen Menschen überhaupt zusammenhängt. Die gleiche Frage bleibt offen, wenn Aristoteles den wirksamen vom aufnehmenden Geist unterscheidet.[12]

Rudolf Steiner bezieht diese bewußtseinsgeschichtliche Entwicklung in die Betrachtung des Paulus-Wortes ein, indem er auf Sokrates und sein „daimonion" hinweist. Sokrates stand diesem „daimonion" wie von außen gegenüber. Es machte sich bemerkbar, wenn er im Begriffe war, etwas Unrichtiges zu tun. Das „daimonion" bleibt eine höhere Instanz, mit der Sokrates in wichtigen Fällen des Lebens korrespondiert. Vor Sokrates hat schon Heraklit Ähnliches ausgesprochen: „Sein Wesen ist dem Menschen ein daimon", d. h. ein göttliches Wesen.[13] Es wird offengelassen, wie weit es im Menschen oder im Umkreis des Menschen wirkt. Zwischen Ich und Nicht-Ich genauer zu unterscheiden, wird erst Anliegen der spätantiken Philosophie. Besonders die Stoa betont dann zunehmend das Eigen-Ich des Menschen, das sich vom Kosmos abtrennt und mit der Aufgabe zu leben hat, diese Trennung zu überwinden. „Als es die Götter nicht mehr gab und Christus noch nicht, war zwischen Cicero und Marc Aurel ein einmaliger Augenblick entstanden, in dem der Mensch für sich existierte" (Flaubert).

Die geistesgeschichtliche Situation, in die Paulus sein „Nicht ich, sondern Christus in mir" sprach, setzt also voraus, daß der Mensch sich mehr und mehr mit seinem Alltags-Ich identifiziert. Die Errungenschaft dieses Ich wird von Paulus nicht aufgegeben, sondern beibehalten und erweitert. Paulus kennzeichnet bereits den Umschwung, dessen Vollzug uns heute aufgegeben ist. Das Ich ist eigenständig geworden, nicht mehr von außen gelenkt, und es bekommt jetzt eine Art Innenraum, den es vorher nicht gehabt hat. Früher stand ihm das Höhere wie von außen gegenüber. Jetzt nimmt es das Höhere in sich auf. In dem entstandenen Innenraum des Ich kann jetzt das höhere Wesen leben. In mir lebt Christus. Das Geistbewußtsein ist durch einen Nullpunkt gegangen, jetzt kann das höhere Ich im Erden-Ich wiedergefunden werden. Die Weltentstehungs- und Weltbildungskräfte können im Ich neu aufleben. Insofern kann vom „höheren Selbst" des Menschen gesprochen werden unabhängig von der Zeit der frühen Kindheit.

Was für Paulus eine Ausnahmesituation war, ist heute allgemeine Menschheitsaufgabe: das im Laufe der Kindheit und Jugend hartwerdende Ich von innen her zu öffnen, den Weltenkräften Einlaß zu gewähren. Das geschieht gewiß nicht dadurch, daß ich mich auf einen „Egotrip" begebe, mich vor allem für mich selbst interessiere oder mein eigenes Seelenleben pflege.

Ich finde das höhere Selbst dann, wenn ich Weltinhalt aufnehme in meinem Ich. Mit schlichten Worten formuliert es die „Philosophie der Freiheit“, die ihr Verfasser auch als „Erkenntnistheorie im Sinne des Paulus“ verstanden wissen wollte: „Erst wenn wir den Weltinhalt zu unserem Gedankeninhalt gemacht haben, erst dann finden wir den Zusammenhang wieder, aus dem wir uns selbst gelöst haben.“

Die Darstellungen Rudolf Steiners im ersten Teil der „Geistigen Führung des Menschen und der Menschheit“ zeigen den inneren Zusammenhang der drei Worte des Neuen Testaments, die zunächst wenig miteinander zu tun zu haben scheinen: „Wenn ihr nicht werdet wie die kleinen Kinder, so werdet ihr nicht ins Reich der Himmel gelangen“; „Ich bin der Weg, die Wahrheit und das Leben“; „Nicht ich, sondern Christus in mir“. Der Versuch, diese Worte in ihrem geistesgeschichtlichen Zusammenhang zu verstehen, konnte andererseits Licht werfen auf Fragen, die im Buch Rudolf Steiners mehr vorausgesetzt als erklärt werden: Wie hängen die in der frühen Kindheit wirkenden Kräfte mit Christus zusammen? Wie ist das Verhältnis der Kindheitskräfte zum Leben des Erwachsenen? Und: Wie kann der Mensch das in den Kindheitskräften aufgerufene „höhere Selbst“ im späteren Leben wirksam werden lassen?

Anmerkungen

1 Georg Kühlewind: Der sprechende Mensch, Frankfurt 1991.
2 Siehe z.B. M. Brater, U. Büchele, H. Herzer: Eurythmie am Arbeitsplatz, Stuttgart 1987.
3 Hilde Domin: Aber die Hoffnung, München 1987[3].
4 Hilde Domin: Wozu Lyrik heute? München 1988[5].
5 Ivan Illich: Die Nemesis der Medizin, Hamburg 1987.
6 Thomas von Aquin: Compendium theologiae, Kapitel 201.

7 Näheres zu den Weltaltern und zu Prometheus s. K.-M. Dietz: Metamorphosen des Geistes, Band 1, Stuttgart 1989.
8 hier wird meist übersetzt: „... hat es uns erklärt" o. ä. Das ist sprachlich nicht unmöglich, aber keineswegs zwingend.
9 Luther übersetzt mit der lateinischen Version: „die Seinen".
10 Heraklit, Fragment 2.
11 Thomas von Aquin: Der Prolog des Johannes-Evangeliums, übersetzt von W.-U. Klünker, Stuttgart 1986, S. 105.
12 Näheres bei K.-M. Dietz: Metamorphosen des Geistes, Band 2, Stuttgart 1989.
13 Heraklit, Fragment 119.

MATERIE-ERKENNTNIS UND CHRISTLICHE SUBSTANZ

Gedanken zum Zusammenhang von Naturerkenntnis und Moral

MARTIN BASFELD

Es gibt im Leben des Physikers Carl Friedrich von Weizsäcker ein Ereignis, das für die gegenwärtige Lage der naturwissenschaftlichen Forschung symptomatisch ist. Schon sehr früh interessierte er sich für Astronomie und Astrophysik, und die Beschäftigung damit nahm damals einen wichtigen Platz in seinem Leben ein. Mit elf Jahren las er zum ersten Mal im Neuen Testament und war tief beeindruckt von der Bergpredigt. Beides verband sich in der Nacht vom 1. August 1924, als der zwölfjährige v. Weizsäcker in den herrlichen Sternenhimmel des Berner Jura blickte, zu einem Erlebnis, das er Jahrzehnte später in einer Schrift erwähnt: „Das Erlebnis einer solchen Nacht kann man in Worten nicht wiedergeben, wohl aber den Gedanken, der mir aufstieg, als das Erlebnis abklang. In der unaussprechbaren Herrlichkeit des Sternenhimmels war irgendwie Gott gegenwärtig. Zugleich aber wußte ich, daß die Sterne Gaskugeln sind, aus Atomen bestehend, die den Gesetzen der Physik genügen. Die Spannung zwischen diesen beiden Wahrheiten kann nicht unauflöslich sein. Wie aber kann man sie lösen? Wäre es möglich, auch in den Gesetzen der Physik einen Abglanz Gottes zu finden?“ [1]

Die Erfahrung der Spannung zwischen religiösem Erleben (Moral) und nüchterner Betrachtung der außermenschlichen Natur bestimmen bis heute das Lebenswerk v. Weizsäckers. Als

Philosoph sucht er nach der Einheit dieser beiden Betätigungsweisen des menschlichen Geistes, in die er als Physiker und politisch Engagierter hineingestellt ist. Im Menschen als Kulturträger muß die Einheit irgendwie gegeben sein, aber welche Konsequenzen hat das für Naturwissenschaft und Politik selbst? Nach v. Weizsäcker entsteht die individuelle Verantwortung des Wissenschaftlers erst dann, wenn durch Unterlassen bestimmter Forschungen oder durch Änderung der Gesellschaftsstruktur schädliche Folgen der Forschung vermieden werden müssen. Man könnte aber doch auch die Forschungsmethode selbst als etwas ansehen, das einen Beitrag zur moralischen Entwicklung des Menschen gibt. Die individuelle Verantwortung entstünde also nicht erst gegenüber den Folgen der Forschung, sondern schon gegenüber der Art der Fragestellung am Beginn jedes Forschungsweges. Es geht dabei aber nicht um die Forderung nach ethischen Normen für die Ausübung von Wissenschaft. Solche Normen sind für das menschliche Individuum dasselbe wie Naturgesetze für die außermenschlichen Naturprozesse. Für sie ist das einzelne Individuum keine eigenständige geistige Realität in der Welt. Bei v. Weizsäcker bleibt die Frage offen, was denn individuelle Verantwortung wirklich sei, denn ihm erscheint das menschliche Individuum lediglich als hochstrukturiertes Zusammenwirken von Naturgesetzen und die Welt als ein Zusammenhang „individueller" Prozesse auf verschiedenen Ebenen der Komplexität, d. h. es erweist sich „ihre Geschichte als ein einziger individueller Prozeß in einer allumfassenden Gegenwart".[2]

Zum geistesgeschichtlichen Hintergrund

Die Frage nach der Verbindung von Natur und Moral reicht viele Jahrhunderte zurück. Die Suche nach einer wirklichen Verbindung dieser polaren Weltbereiche durchzieht die gesamte menschliche Kulturentwicklung. Im Mittelalter deutet sich ihre vollständige Trennung an. Die Erde als Ort der menschlichen Inkarnation lernte man kennen durch das Lesen im „Buch der Natur". Von der göttlichen Welt erfuhr man durch das „Buch der Offenbarung", die Bibel. Von ihr kamen die moralischen Impulse. Die individuelle Erkenntnistätigkeit begann mit dem Lesen in dem Buch der Natur. Kann sie auch so weiterentwickelt werden, daß sie sich den Offenbarungsinhalten der Bibel zuwenden kann? Der sich auf Aristoteles berufende scholastische Realismus bejahte diese Frage, der ebenfalls an Aristoteles anknüpfende scholastische Nominalismus verneinte sie. Zugleich verlor der sich durchsetzende Nominalismus den Realitätsbezug der Begriffe zur Natur: Begriffe wurden zu bloßen Namen für die Dinge.

Am Beginn der neuzeitlichen Entwicklung der Naturwissenschaft wurde die Kluft zwischen Theologie und Naturwissenschaft, d. h. zwischen Moral und Erkenntnis auf der einen Seite und dem Erkennen und der Natur auf der anderen Seite noch tiefer. Francis Bacon sah für den Verstand keinen Weg, in das Innere der Natur einzudringen. Nur durch das äußere Experiment könne man die Natur zum Sprechen zwingen. Ihre Sprache erkannte Galilei in den Formen der Geometrie. Sein naturwissenschaftliches Weltbild kam in Widerspruch zur damals offiziellen Deutung der Bibel. Und die Unterscheidung der Welt durch Descartes in denkbare und ausgedehnte Dinge legte den Grundstein des bis heute nicht überwundenen Dualismus von bewußtem Subjekt und von dem vom Menschen unabhängigen, materiellen Objekt, der ja dem Gegensatz von Moral und Natur zugrundeliegt.

Für Aristoteles, dessen Naturphilosophie als veraltet galt, war dieser Gegensatz kein absoluter. Materie war nicht einfach bloß ausgedehnt, sondern war die Ermöglichung der Verwirklichung einer geistigen Form. In diesem Sinne ist Holz Materie und Form, je nach Gesichtspunkt. Für den Tisch ist das Holz Materie, denn durch den Prozeß des Tischlerns wird am Holz der Tisch verwirklicht. Für die Elemente (Feuer, Luft, Wasser, Erde), aus denen sich alles Stoffliche zusammensetzt, ist dagegen Holz eine bestimmte Form der Existenz, die erst durch den Prozeß der Holzbildung verwirklicht wird. Die gesamte Sinneswelt verwirklicht sich aufgrund der in ihr möglichen Prozesse: der Veränderung der Lageverhältnisse der Gegenstände zueinander (Ortsbewegung), der Veränderung ihrer Größe (Wachsen und Schwinden) oder Eigenschaften (qualitative Bewegung), oder des Entstehens oder Vergehens der Dinge, d. h. des Erscheinens oder Verschwindens gewisser Formen in der Materie. Materie ist also nicht als ein substantiell Gegenständliches zu denken, das neben anderen Eigenschaften auch diejenige der Formbarkeit besitzt, sondern sie ist die Möglichkeit selbst in Hinblick auf bestimmte Formen. So kann jedes Ding auch Materie sein, aber nicht schlechthin. Holz ist zwar Materie für den Tisch, aber nicht für den beseelten Löwen, da es nicht möglich ist, im Holz die Form des beseelten Löwens zu verwirklichen. Materie steht also bei Aristoteles nicht absolut den von der Seele erkannten Formen der Dinge gegenüber wie für Descartes die ausgedehnten Dinge den denkbaren Dingen oder für die Philosophen des 19. Jahrhunderts Materie dem Bewußtsein. Für Aristoteles ist Materie niemals Materie für sich, sondern immer im Hinblick auf eine bestimmte Form. Die Realisierung dieses Bezuges ist die Verwirklichung der Form in der Sinneswelt durch einen Prozeß. Deshalb ist der Hauptgegenstand der aristotelischen Physik die Untersuchung der vier Prozeßarten. Und die wichtigste Frage ist nicht diejenige nach den materiellen Ursachen der physikalischen Prozesse, sondern die nach dem ursprünglichsten aller Prozesse oder Bewegungen.

Jede Bewegung geht aus anderen Bewegungen hervor. Soll die Welt einen Ursprung haben, so muß es eine Bewegung geben, aus der alle anderen Bewegungen hervorgehen, die also alles andere bewegt, ohne selbst bewegt zu werden, d.h. ihren Bewegungsursprung in sich selbst hat: der unbewegte Beweger. Für das gegenwärtige Bewußtsein ist ein solcher Gedanke völlig abstrakt, weil Denkkonsequenz heute nicht mehr ausreicht, um sich mit der Wirklichkeit verbunden zu fühlen. Wir brauchen heute eine zusätzliche Bestätigung – z.B. durch Experimente – für den Wirklichkeitsgehalt von Gedanken, deren reine Form wir als ausgedacht erleben. Das war bei Aristoteles nicht so. Denken ist für ihn Teilhabe der Seele an den Formen, d. h. der Wirklichkeit der Dinge. Daher bewegt auch nicht die subjektive Seele das Denken, sondern die Formen, die Gedanken bewegen das Denken. In diesem Wirklichkeitsbezug der denkenden Seele läßt sich auch der Hinweis auf das Wesen des unbewegten Bewegers finden. Wenn das Denken von seinen Inhalten bewegt wird, dann bewegt es sich selbst, wenn es sich selbst zum Gegenstand des Denkens macht. Denken des Denkens ist der Zustand des unbewegten Bewegers (Gottes). An diesem Zustand kann der Mensch nur zeitweise teilhaben, wie an allen anderen Formen (Begriffen) auch. Daher kann er zwar den unbewegten Beweger denken, dessen dauerndes Wesen bleibt aber außerhalb des Menschen in der Welt.

In der Zeit von Aristoteles bis zur Neuzeit verliert der Mensch allmählich die Möglichkeit, sein Denken zugleich als konstituierendes Element der äußeren Wirklichkeit anzuerkennen. Denken ist im Menschen, die Welt außerhalb. Diese besteht aus Materie. Die Dinge sind nicht mehr die in der Materie verwirklichten denkbaren Formen, sondern sind ein materielles Etwas mit bestimmten Eigenschaften. Die zwischen den materiellen Dingen wirkenden Kräfte sind verborgen. Sie müssen aus den Wirkungen, Veränderungen der Eigenschaften, erschlossen werden. Sie sind nicht mehr Ausdruck von Prozessen, d. h. der Verwirklichung von Formen aufgrund der ihnen zugeordneten materiellen Möglichkeiten. Die Vorstellung von der Materie als etwas absolut außerhalb des Denkens Seiendem ist allerdings seit Beginn dieses Jahrhunderts durch die Quantenphysik überwunden. Übrig geblieben ist ein hochabstraktes, komplexes, mathematisches Gedankengebäude, das dem Menschen ermöglicht, experimentelle Wechselwirkungen von verborgenen Kräften gewaltigsten Ausmaßes zu verwirklichen. Über das Wesen dieser „atomaren" Kräfte oder einer ihnen zugrundeliegenden „Materie" sagen die Gedanken der Quantenphysik nichts aus. Die Frage, was denn ein physikalischer Prozeß eigentlich sei, ist daher bis heute offen. Dennoch können Erscheinungen hervorgerufen werden, die ohne das physikalische Denken niemals aus der Natur hervorgegangen wären.

Existenzstufen der Elektrizität

Was die Abgetrenntheit des naturwissenschaftlichen Denkens von der ihm verborgenen Wirklichkeit bedeutet, zeigt die Entwicklung der Wissenschaft von der Elektrizität von einem bestimmten Gesichtspunkt aus betrachtet. Diese Wissenschaft begann in ihrer neuzeitlichen Form mit der Veröffentlichung der Schrift „De magnete“[3] im Jahr 1600 von dem englischen Arzt William Gilbert. Er machte Experimente mit Kompaßnadeln auf einer Eisenkugel, in derem Innern sich ein Magnet befand, um die Eigenschaften des magnetischen Erdfeldes zu erforschen. Außerdem finden sich in diesem Buch Beschreibungen von Versuchen über die elektrischen Eigenschaften geriebener Edelsteine, Glaskörper und anderer Gegenstände. Charakteristisch ist die sogleich einsetzende Theorienbildung. Die Elektrizität wurde als ein die Körper durchdringendes, unsichtbares Fluidum vorgestellt, der Magnetismus als eine ohne Träger unsichtbar durch den Raum wirkende Fernkraft, ohne daß dies etwas für die Handhabung ihrer Gesetzmäßigkeiten bedeutete. Dem Beobachter waren nur die Kraftwirkungen zwischen den Gegenständen, die erst in einer bestimmten Weise behandelt werden mußten, gegeben. Außer den Blitzerscheinungen waren dies bis in das Jahr 1791 die einzig bekannten Formen, in denen magnetische und elektrische Kräfte bekannt waren. Man lernte ihre Wirkung auf Metalle, Nicht-Metalle, Flüssigkeiten usw. zu unterscheiden. Man lernte auch Spannungsgrößen und Ladungsgrößen experimentell zu bestimmen und die elektrischen Wirkungen durch Kondensatoren zu speichern und zu verstärken. Immer aber mußten erst durch Reibung bestimmte Gegenstände gegeneinander bewegt werden, um sie in einen elektrischen Zustand zu versetzen. Dann konnten die Kraftwirkungen dieses Zustandes studiert werden, ohne vom Wesen derselben irgendetwas wissen zu müssen.

Einen entscheidenden Fortschritt brachten die Untersuchungen des italienischen Anatomen Luigi Galvani an Froschschenkelpräparaten. Er berichtete 1791 von Experimenten, die er in den 80er Jahren durchgeführt hatte, nachdem er durch einen Zufall auf die Existenz der „tierischen Elektrizität“ aufmerksam geworden war. Während eines Präparationsvorganges spielte einer von Galvanis Assistenten aus Langeweile mit der Elektrisiermaschine, die in der anderen Ecke des Raumes stand. Als es zur Funkenentladung kam, beobachtete ein anderer Assistent, daß die auf einer Metallplatte liegenden und vom metallenen Sezierwerkzeug berührten Schenkel zu zucken begannen. Galvani konnte nach vielen Experimenten zeigen, daß diese Erscheinung auch bei herannahendem Gewitter beobachtet werden konnte und sogar ohne elektrische Entladung in der Umgebung auftrat, wenn man Rückenmark und Muskel mit dem Ende eines Bügels aus zwei verschiedenen Metallen gleichzeitig berührte.

Diese Entdeckung löste eine Welle neuer Experimente aus. Der geniale Physiker Johann Wilhelm Ritter sah in der tierischen Elektrizität die Grundlage alles Lebendigen. Auf der Suche nach ihren Erscheinungsbedingungen wurde er der Begründer der Elektrochemie. Volta erfand 1799 die erste Batterie. Nun konnten elektrische Vorgänge über längere Zeiträume untersucht werden. Vorher standen außer den Kraftwirkungen zwischen elektrisierten Körpern nur die Sekundenbruchteile dauernden Funkenentladungen für Experimente zur Verfügung. Dagegen lernte man jetzt die „fließende Elektrizität“ kennen und studierte, wie Elektrizität durch chemische Zersetzung, durch Wärmedifferenzen, durch sich ändernde magnetische Kräfte hervorgebracht wird und wie diese Kräfte zugleich auch wieder als Wirkungen der Elektrizität erscheinen. Wieder war es nicht notwendig, die Frage nach dem Wesen der Elektrizität zu beantworten. Faraday konnte sogar im Jahr 1833 endgültig „beweisen“, daß es keinen qualitativen Unterschied zwischen den mechanisch, magnetisch, thermisch, chemisch oder organisch erzeugten Elektrizitätsarten geben könne, da diese immer dieselben Wirkungen hervorrufen. Es gab also nur eine Elektrizität, die sowohl als Kraft zwischen den materiellen Gegenständen als auch als „fließender Kraftzusammenhang" an deren Veränderungen erschien.

In der zweiten Hälfte des 19. Jahrhunderts vollzog sich ein dritter wichtiger Entwicklungsschritt. Die vom schottischen Physiker James Clerk Maxwell durchgeführte mathematische Bearbeitung der elektrischen Experimente Faradays brachte die Notwendigkeit mit sich, die elektromagnetischen Kraftwirkungen auch losgelöst von ihrem materiellen Ursprung im Raume vorzustellen. Im Jahre 1864 sagte Maxwell theoretisch die Existenz sog. elektromagnetischer Wellen voraus, die dann 1888 von Heinrich Hertz experimentell nachgewiesen wurden. Es gab also eine Form der Elektrizität, die wie Licht als eine den Raum ohne materiellen Träger durchdringende und raumgestaltende Kraft angesehen werden mußte. Der Versuch, einen „Äther" als quasi-materiellen Träger der elektromagnetischen Felder zu konstruieren, wurde durch die Relativitätstheorie Einsteins überflüssig.

Ein vierter Aspekt der Elektrizität, der erst zu Beginn unseres Jahrhunderts in Erscheinung trat, wurde durch Plückers Entdeckung der Kathodenstrahlen aus dem Jahre 1858 vorbereitet. Wenn man zwei Elektroden in einem gewissen Abstand innerhalb einer hochevakuierten Glasröhre unter hohe elektrische Spannung setzt, erscheinen Kathodenstrahlen als eine den Raum durchdringende Form der Elektrizität, die materieller als die elektromagnetischen Wellen ist. Wieder durch eine Kette von Zufällen führten die Kathodenstrahlen im Jahre 1895 zur Entdeckung der Röntgenstrahlen und diese ein Jahr später zur

Entdeckung der Radioaktivität. Der radioaktive Zerfall chemischer Substanzen zwang die Physiker nun dazu, das alte Materieverständnis vollends zu revidieren. Schließlich erschienen die atomaren Teilchen nicht mehr als Ausgangspunkte der elektrischen und der daran anschließend entdeckten atomaren Kräfte und ihrer raumgestaltenden Wechselwirkungen, sondern die materiellen Atome mußten nun selbst als Folge dieser unmateriellen Wechselwirkungen gedacht werden. Da „Materie" die Voraussetzung für das „leibhaftige" Erscheinen eines Dinges in der Sinneswelt ist, kann man Elektrizität auf dieser vierten Stufe als „leibbildende" Kraft ansehen.

Geschichte der Elektrizität und innere Denkerfahrung

Bei näherem Hinsehen erweisen sich die vier Entwicklungsschritte in der Geschichte der Elektrizität, durch die der Wille immer tiefer mit den Wirkungen der für die Anschauung verborgenen Elektrizität verbunden wird, als Gegenbild einer inneren Entwicklung, in deren Verlaufe der Wille das Denken ergreift. Auf der ersten Stufe erscheint die Elektrizität zwischen den Körpern ähnlich der Schwerkraft. Mit der Schwerkraft lebt der Mensch ganz natürlich im Gleichgewichtfinden und Bewegen. Die elektrischen Kräfte müssen dagegen erst äußerlich erzeugt werden, dann kann man nachträglich sehen, daß sie im verborgenen Naturzusammenhang schon immer wirkten. Zunächst ist diese Wirkung noch an die vorstellbaren Gegenstände gebunden. Eine ganz ähnliche Situation ist für das Verhältnis des Denkens zum Bewußtsein gegeben: Es erscheint zunächst nur an den Vorstellungen. Wir wissen dann indirekt von ihm, denn wir spüren, daß wir denken müssen, um die Vorstellungen im Bewußtsein zu erzeugen. Das Denken verbirgt sich in den gegenständlichen, scharf konturierten Vorstellungen.

Keine Vorstellung kann aus sich allein verstanden werden. Die verborgene Denktätigkeit wird um eine Stufe bewußter, wenn wir auf die Zusammenhänge zwischen den Vorstellungen achten. Diese gehen ineinander über. Die Grenzen zwischen ihnen werden flüssig. Entsprechendes kann man beim Übergang von der ersten zur zweiten Erscheinungsstufe der Elektrizität erfahren. Was zunächst nur als zusätzliche Bedingungen der Erzeugung von Elektrizität durch Reibung angesehen werden muß, die chemischen, thermischen oder organischen Differenzen zwischen den reibenden Stoffen, verwandelt sich auf der zweiten Stufe in die Erscheinung der Elektrizität selbst. In dem Maße, wie diese Differenzen vergehen oder entstehen, entstehen oder vergehen elektrische Wirkungen. Nur tritt dabei die Elektrizität dem Bewußtsein nicht näher, wie das Denken im Vorstellungszusammenhang, sondern erweitert nur ihren verborgenen Wirkungsbereich in der äußeren Welt.

Im wechselnden Entstehen und Vergehen der Elektrizität aus den anderen Kraftwirkungen ist die Möglichkeit verborgen, daß sie im Raume als eine sich selbst stützende Kraft wirksam wird. Die Elektrizität bildet auf ihrer dritten Erscheinungsstufe mit den magnetischen Kräften einen selbständigen Zusammenhang, der mathematisch als eine relativ geschlossene Ganzheit (Maxwellsches Gleichungssystem) beschrieben werden kann. Man weiß von dieser Ganzheit, ohne daß man das Wesen, was das Leben dieses Zusammenhanges ausmacht, erlebt. Das ist auf der dritten Stufe der Denkerfahrung anders. Was in den Vorstellungszusammenhängen wirksam ist, erscheint seinem Wesen nach als Begriff. Begriffe sind bewußt gedachte Zusammenhänge. Lebt man denkend in ihnen und nicht nur in den übergänglichen Vorstellungen, hat man also reine Begriffe im Bewußtsein, dann schließen sich diese Begriffe zu Begriffsorganismen zusammen. Ein Begriff wächst immer aus anderen hervor. Begriffsorganismen, aus denen sich das lebendige Denken zurückzieht, werden zu abstrakten Gedankensystemen. Ein solches stellt die Maxwellsche Elektrodynamik dar. Sie ist der tote, bewußte Abglanz von Erfahrungen, die der experimentierende Naturwissenschaftler mit den elektromagnetischen Wirkungen macht.

Die nachträglich gezogenen begrifflichen Konsequenzen aus den Entdeckungen, die die Elektrizität zusammen mit den atomaren Kräften als leibbildende, der gesamten materiellen Welt zugrundeliegende Kraft erscheinen ließen, dienen nur noch dem Hervorbringen von Wirkungen ohne jeden bewußten Zugang zu den Ursachen. Dies ist das genaue Gegenbild der vierten Stufe der Denkerfahrung. Das sich im Begriffsorganismus auslebende Wesen ist das denkende Ich selbst. Es kann sich der Tatsache bewußt werden, daß es sich durch das Denken jedes Mal einen neuen Gedankenleib aufbaut, denn der Begriffsorganismus ist die jeweils gegenwärtige Form, durch die das Ich erscheint, während es selbst tätig ist.

Der Steigerung der Wachheit für den Ursprung des Denkens auf seiner vierten Stufe steht also die völlige Trennung des Bewußtseins von dem Wesen der hervorgebrachten Wirkungen auf der vierten Existenzstufe der Elektrizität entgegen. Es wurde schon gesagt, daß die leibbildende Kraft der Elektrizität als innerhalb der Natur verborgen gedacht werden muß. In der uns heute bekannten Form kommt sie nur durch die Tätigkeit des Menschen in Erscheinung. Dies geschieht aber nicht in der

Weise, daß das Ich seine Leibbildung selbstdenkend durchdringt, sondern so, daß diese sich ganz von dem bewußten Ich abtrennt. Die Leibbildung, die durch die vom Menschen hervorgebrachten Elektrizitätswirkungen entsteht, ist nicht natürlich, weil sie aus der Natur willentlich herausgehoben wird. Sie muß deshalb für die Einwirkung anderer Wesen geeignet sein, wenn sie von dem Wesen abgetrennt wird, das den Anlaß für die Leibbildung gegeben hat.

Wesen der Technik

Der denkende Nachvollzug der Geschichte der Elektrizitätslehre führt zu der notwendigen Annahme, daß der Mensch durch die technische Anwendung der Elektrizität auf allen Gebieten des Lebens (Energieerzeugung und Energieverteilung, Kommunikationstechnik, Informationsverarbeitung usw.) Wesen zur Verleiblichung verhilft, die von anderer Art als die in den Naturreichen verkörperten Wesen sein müssen. Die Naturwesen haben sich bis zum Menschen herauf in der Richtung fortschreitender Individualisierung entwickelt. Durch die Umwandlung, die die Natur durch den Menschen bisher erfährt, setzt dieser sich immer stärker entindividualisierenden Einflüssen aus. Statt der ortsgebundenen menschlichen Arbeitskraft steht z.B. heute prinzipiell Energie an beliebigen Orten im Überfluß zur Verfügung, wenn man ihre Herkunft aus der Zerstörung der Naturzusammenhänge unberücksichtigt läßt. Die Kommunikationstechnik trennt die menschliche Mitteilung immer stärker von der individuell herbeigeführten Gesprächssituation. Die Teilnahme an gegenwärtigen Ereignissen steht in keinem Zusammenhang mehr mit der Lebenssitutation, in der man die Nachrichten davon entgegennimmt. Man erlebt ein Kriegsgeschehen nicht wirklich, während man biertrinkend vor dem Fernseher im Bett liegt. Die Informationstechnik hat längst zur Anonymität des Wissens geführt. Wissen wird immer mehr zur Sache des Zugriffs zu den richtigen Datenbanken statt zur Angelegenheit individueller Reife.

Der Mensch hat sich innerhalb der Natur zum selbstbewußten Wesen entwickelt und dann von den Naturwesen immer mehr emanzipiert. Mit der Technik hat er eine naturferne Wirklichkeit geschaffen, in die sich Wesen verkörpern können, da die Technik zwar vom Ich kommt, aber das Ich nicht in sich aufnehmen kann. Die Wirksamkeit dieser Wesen ist entindividualisierend und bleibt hinter den Naturwesen, die individualisierend wirken, zurück. Die Technik ist daher nach einem Ausdruck Rudolf Steiners „Unter-Natur“[4] und die Folge einer allgemeinen geistigen Wirkung des Menschen auf die Natur, ohne den im Denken bewußt vollziehbaren Individualisierungsprozeß in die Verwandlung der äußeren Natur miteinzubeziehen. In der technischen Zivilisationsgestaltung droht dem Menschen der Verlust seines Ich an die Anonymität der Außenwelt. Das zu Beginn beschriebene Erlebnis Weizsäckers, der Gegensatz allgemeiner Naturerkenntnis und individueller Moral ist also das Existenzproblem der gegenwärtigen Menschheit überhaupt. Der Mensch hat seine eigene Schöpfung von der Natur isoliert. Er hat es in ihr bis zur Verwandlung der Materie in beliebig verfügbare Energie gebracht. Die Kernkraftwerke kommen dem jahrhundertealten Ideal des Perpetuum mobile sehr nahe, wenn man vergißt, daß ihre Abfallprodukte niemals wieder in den Kreislauf der Natur eingehen dürfen. Ist damit ein Endpunkt der Zivilisationsentwicklung gekennzeichnet, der nur noch mehr oder weniger hinausgeschoben werden kann?

Die obige Betrachtung soll keine Technikfeindlichkeit begründen. Vielmehr soll deutlich werden, was der Technik als „Unter-Natur“ noch fehlt. Technik ist Naturverwandlung, ist Transsubstantiation und Leibbildung. In der Entwicklung der Elektrizitätslehre kommt am klarsten das Welt-Verhältnis des Menschen zum Ausdruck, aufgrund dessen er die Kräfte der Unter-Natur gestaltend ergreift. Da sich diese Entwicklung als Gegenbild eines inneren Weges zum Erwachen gegenüber dem Denken erwiesen hat, kann man auch zeigen, daß eine Verwandlung der Naturwissenschaft möglich ist, wenn man den Weg zum bewußten Denken für sie fruchtbar macht. Auch das Ideal einer Technik der Zukunft ergibt sich daraus.

Goetheanismus als Weg zu einem geistgemäßen Naturbild

Für Goethe haben die Begriffe Polarität und Steigerung[5] eine ähnlich grundlegende Bedeutung wie für Aristoteles die Begriffe Materie, Form und Prozeß. Alles Materielle erscheint in Polaritäten: Licht–Finsternis, positive–negative Elektrizität, Säure–Lauge, schwer–leicht, warm–kalt, gelb–blau, Systole–Diastole (bei Pflanzen) usw. . Allen Naturvorgängen liegen polare Kräfte zugrunde, die nach einem Ausgleich streben. Im Sinne Goethes stehen die Dinge unter dem Gesetz der Polarität, insofern sie materiell zu denken sind. Im Ausgleich der Polaritäten und der dadurch entstehenden Vielfalt der Naturprozesse liegt der Angriffspunkt für das menschliche Erkennen. An den Prozessen der Sinneswelt erkennen wir die Dinge, denn ihr Wesen tritt nie ganz als es selbst in eine sinnliche Erscheinung, sondern nur in der Geschichte seiner Wirkungen.[6]

Polaritäten können so zusammenwirken, daß sie einander steigern. Die Farben Gelb und Blau können beide zum Roten hin (karminrot, violett) gesteigert werden, bis ihr Gegensatz im reinen Rot, im Purpur aufgehoben wird. Purpur bringt in edlerer Weise das Zusammenwirken von Licht und Finsternis zum Ausdruck als die Farben Gelb und Blau. Nun bringt die materielle Natur mit ihren in Polaritäten wirkenden Stoffen nicht nur die Gestalten des Mineralreiches, sondern auch die höheren, entwicklungsfähigen organischen und beseelten Pflanzen- bzw. Tiergestalten bis hin zum geistbegabten Menschen hervor. Es gibt für Goethe – wie früher für Aristoteles – keinen absoluten Gegensatz zwischen Materie und Geist. Die Materie ist zum Geiste hin steigerungsfähig. Polarität und Steigerung sind die großen Triebräder der Natur, die Materie und Geist miteinander verbinden: „Weil aber die Materie nie ohne Geist, der Geist nie ohne Materie existiert und wirksam sein kann, so vermag auch die Materie sich zu steigern, so wie sichs der Geist nicht nehmen läßt, anzuziehen und abzustoßen; wie derjenige nur allein zu denken vermag, der genugsam getrennt hat um zu verbinden, genugsam verbunden hat um wieder trennen zu mögen." [7]

Vor diesem Hintergrund erhält ein Gedanke Goethes über die Beziehung der Elektrizität zur Farbe eine ganz besondere Bedeutung. Beide Wirklichkeitsbereiche haben eine Grundpolarität: positive und negative Elektrizität bzw. gelbe und blaue Farbe. Aber es gibt auch einen wesentlichen Unterschied. Positive und negative Elektrizität gehen aus einem neutralen Mittelzustand (z. B. durch Reibung) als Doppelzustand hervor. Damit elektrische Wirkungen in der Materie auftreten, muß dieser doppelte Zustand wieder neutralisiert werden. Daher konnte Goethe sagen: „Das Elektrische, als ein Gleichgültiges, kennen wir nicht. Es ist für uns ein nichts, ein null, ein Nullpunkt, ein Gleichgültigkeitspunkt, der aber in allen erscheinenden Wesen liegt und zugleich der Mittelpunkt ist, aus dem bei dem geringsten Anlaß eine Doppelerscheinung hervortritt, welche nur insofern erscheint, als sie wieder verschwindet."[8] Zu einem Wesen, das erscheint, indem es verschwindet, das wirksam ist durch äußere Veranlassung des Menschen, aber sich von ihm abwendet, wenn er es als solches erkennen will, kann der Mensch in der Sinneswelt kein unmittelbar freies Verhältnis entwickeln. Er glaubt es zu beherrschen und wird von ihm beherrscht durch den oben beschriebenen entindividualisierenden Einfluß.

Anders ist es bei der Farbe. Gelb und Blau neutralisieren sich nicht. Sie mischen sich im Grün oder steigern sich zum Rot. Die Erscheinung der Farbe kann von den physiologischen Nachbildern über die farbigen Schatten, die atmosphärischen Farben, die prismatischen Farben, die chemischen Farben usw. durch die ganzen Naturreiche verfolgt werden. Sie kann im Bild des Farbenkreises in ihrer Totalität versinnlicht werden. Und wer die Geschichte der Wirkungen dieser Totalität vor seinem geistigen Auge hat, der kann auch die ästhetischen und moralischen, d. h. die sinnlich-sittlichen Wirkungen der Farbe aus denselben Gesetzen heraus begreifen, die das Erscheinen der Farben in den Naturreichen bestimmen. Die Farbe ist steigerungsfähig, d. h. sie kann von ihrem Erscheinen in der Sinneswelt zum Menschen heraufgehoben[9] werden.

Durch die Goethesche Naturbetrachtung entsteht ein Bild von der Natur, das nichts enthält, was dem Menschen nicht geistig anschaubar wäre. Das Naturbild kann ganz in das Ich aufgenommen werden. Das Ich findet sich darin wieder, es kann sich frei darin bewegen.

Wenn man sich mit der Goetheschen naturwissenschaftlichen Methode befaßt, bemerkt man diesen Vorzug gegenüber der sonst praktizierten naturwissenschaftlichen Methode. Aber man versteht auch, warum sich Goethes Ansicht bisher allgemein nicht durchsetzen konnte. Naturwissenschaft liefert gegenwärtig Handlungswissen. Sie ist technisch orientiert. Der Goetheanismus im Sinne Goethes ist dies zunächst noch nicht. Er ermöglicht zwar eine Verbindung mit dem Wesen der Natur, aber nur im Bild. Die „Unter-Natur" ist verwandelte Natur, die sich vom Ich abtrennt. Das durch den Goetheanismus gewonnene Naturbild ist eine durch Erkenntnis zum Menschen (Ich) heraufgehobene „Über-Natur", die von der Natur als Betätigungsfeld des Menschen zunächst abgehoben ist. Die Kritik, es handle sich dabei um eine subjektive Naturwissenschaft, die sich den Konsequenzen des siegreichen Feldzuges des westlichen Menschen entziehen möchte, um eine Botanik aus Blüten und eine Meteorologie aus Sonnenuntergängen zu schaffen,[10] ist berechtigt, wenn man nicht die Intention des Goetheanismus weiterverfolgt und ihn auf dem Stand der Goethezeit festhält. Es stellt sich also die Frage, wie man aus einem geistgemäßen Natur-Bild zu Schritten der realen Naturgestaltung kommt, ohne dabei die Verbindung von Ich und Natur wieder zu trennen.

Moralische Technik

Eine Antwort auf diese Frage ergibt sich, wenn es gelingt, den in der gegenwärtigen Naturwissenschaft wirksamen Willen von der Bindung an die „Unter-Natur" zu befreien. Was heißt das? Die gewöhnliche Naturerkenntnis geht aus der formal-begrifflichen Beschreibung der menschlichen Tatwirkungen innerhalb der gegebenen Natur hervor. Das naturwissenschaftliche Experiment ist um so erfolgreicher, je spezieller und eingeschränkter seine Fragestellung ist. Experimente stellen Extremsituationen gegenüber der in sich zusammenhängenden Natur dar. Besonders deutlich wird das bei großtechnischen Versuchsanlagen wie z.B. in der Kernphysik. Für Goethe bedeutete das Experiment dagegen etwas anderes. Statt einer Extremsituation sollte eine Erscheinung durch möglichst vielfältig variierte experimentelle Bedingungen hindurchgeführt werden, um allmählich in dieser Reihe der unterschiedlichsten Anschauungsweisen der Erscheinungen ihr zugrundeliegendes Gesetz „sichtbar" werden zu lassen. Goethe experimentierte, um das Allgemeine in der Natur zu finden, das sie selbst nie in Erscheinung bringt. Dagegen schafft die Naturwissenschaft heute durch Experimente immer mehr neue wirksame Einzeltatsachen. Eine Befreiung der menschlichen Willenstätigkeit von der „Unter-Natur" würde also bedeuten, daß nur dort neue Tatsachen geschaffen werden, wo das „Ich" mit vollem Bewußtsein beteiligt ist.

Es wurde schon gesagt, daß das durch den Goetheanismus gewonnene Naturbild in einer Sphäre entsteht, in der sich das Ich frei bewegen kann. Die Kraft, die das Ich dabei betätigt, ist das Denken. Wenn es nun gelingt, diese Kraft nicht nur dann wirksam werden zu lassen, wenn die Natur von außen dazu Anlaß gibt, sondern auch dann, wenn das „Ich" von sich aus das Denken ergreift, entsteht zunächst nur im Bewußtsein etwas Neues. Wenn man z.B. beobachtet, auf welche Weise das Denken Grundlage für die Erfahrung der Begriffe und Ideen wird, dann werden die Erlebnisse der Denktätigkeit selbst zum Gegenstand des Denkens. Das Ich kann sich darin üben, dieses „Denken des Denkens" zu einer neuen Lebenssphäre zu machen. Das Denken wird „Faktor des Lebens".[11] Es dient nicht bloß dazu, alle anderen Wahrnehmungen und Ereignisse im Leben zu durchdringen und zu begreifen, sondern wird selbst zu einem Ereignis, das aber nicht bloß durchdrungen und begriffen wird, sondern durch individuelle Tätigkeit erst entsteht. Durch den Goetheanismus wird die Natur zur Denkerfahrung. Damit wird er zur Vorbereitung für die Erfahrung des Denkens selbst, wenn das Ich den Willen, der die Natur nach außen gestaltet, auf das Denken selbst richtet. Denken des Denkens oder im Sinne Steiners „Beobachtung des Denkens“ [12] ist zunächst eine „Ausnahmesituation“. [13] Natürlich ist das Denken über die Dinge. Daraus entsteht das allgemeine Naturbild. Eine nicht natürliche Extremsituation, die individuell gewollt sein muß, ist dagegen der Ausnahmezustand der Beobachtung des Denkens. Rudolf Steiner beschreibt sie als in sich ruhende und zugleich in sich bewegte Erfahrung. [14]

Was hat man nun gewonnen? Verfolgt man den Aufstieg von der speziellen Naturerfahrung zur allgemeinen Naturerkenntnis im Sinne Goethes von den empirischen Phänomenen (Summe der Einzeltatsachen) über die wissenschaftlichen Phänomene (nach begrifflichen Gesichtspunkten geordnete Tatsachen) bis zu den Urphänomenen (Erscheinung und allgemeine Idee werden für das Bewußtsein zur Einheit), dann kommt man noch zu einer vierten Stufe, wenn aus dem gedachten Natur-Bild das Denken in seiner Reinheit selbst hervorgeholt wird. Dann kennt man erst das Wesen derjenigen Sphäre, in der sich das Ich frei bewegen kann. Es wird zur individuellen Erfahrung.

Nun sind wir zwar der Überzeugung, daß alles menschliche Handeln vom Ich kommt, aber die Wirklichkeit zeigt, daß dies nur mittelbar der Fall ist. Ein Großteil unserer Handlungen ist von Trieben, Reflexen, Temperamentsveranlagungen bestimmt. Eine höhere Stufe des Handelns ist schon gegeben, wenn man sich nach anerzogenen Gewohnheiten, nach Geboten, nach dem Mitgefühl mit der Umgebung richtet, da man dann in einen überindividuellen Zusammenhang hineingestellt ist. Eine Steigerung ergibt sich, wenn die Handlungen gedachten Prinzipien folgen, die man aus Einsicht gegenüber der eigenen Lebenserfahrung oder der Erfahrung anderer Menschen gewonnen hat. Wenn man sich nun bewußt wird, daß die moralischen Prinzipien letztlich aus der gleichen Sphäre stammen, aus der auch die Naturbegriffe kommen, dann kann man auch das Ideal einer vierten Handlungsstufe fassen. Wird man sich der Quelle der Naturbegriffe bewußt, dann beginnt man mit der Beobachtung des Denkens. Wird diese der Anfang zur Bildung einer neuen individuellen Lebenssphäre für das Ich, dann ist es auch denkbar, daß die Handlungsimpulse des Ich aus dieser Lebenssphäre kommen. Dann sind sie auch begrifflicher Natur, aber keine an der Vergangenheit gewonnenen allgemeinen Prinzipien, sondern aus der Geistesgegenwart geschaffene individuelle Tatsachen. Rudolf Steiner nennt sie „moralische Intuitionen“ [15] im Gegensatz zu den allgemeinen Erkenntnisintuitionen.

Die moralische Intuition ist eine ebenso individuelle Erfahrung wie die spezielle Sinneserfahrung in der Natur. Die Natur muß erst zum Menschen heraufgehoben werden in das aus den allgemeinen Erkenntnisintuitionen gewobene Natur-Bild. Die individuell gefaßte moralische Intuition führt nicht von selbst zur Handlung, sondern muß durch eine innerliche bildende Kraft mit den das Ich umgebenden Tatsachen in Einklang gebracht werden. Der Ablauf der konkreten Handlung muß in der „moralischen Phantasie“ [15] gestaltet werden. Damit er auch tatsächlich realisiert werden kann, muß die Sinneswelt, d. h. die Natur so erkannt sein, daß man ihr Wesen nicht vom Ich abgetrennt erlebt. Eine Handlung aus moralischer Intuition ist erst dann eine Wirklichkeit, wenn sie auch während des Vollzugs in der Sinneswelt mit dem „Ich“ verbunden bleibt. In dieser Sphäre des menschlichen Handelns, die sich nun nicht mehr von der Natur ablöst, entsteht dann eine „moralische Technik“[15]. Die Technik der „Unter-Natur“ manifestiert die Trennung von Ich und Welt. Eine moralische Technik der Zukunft wird denkbar in dem Maße, wie es gelingt, das goetheanistische Natur-Bild mit der moralischen Substanz des Ichs zu durchdringen, das das Denken zu einem bestimmenden Faktor seines Lebens gemacht hat. Man kann den skizzierten Gedanken auch in folgendes Schema bringen:

		Ich		
Urphänomen	↑		↓	moralische Intuition
Wissenschaftliches Phänomen				moralische Phantasie
Empirisches Phänomen				moralische Technik
		Natur		

Ausblick

Steiners Begriff der moralischen Technik ist doppeldeutig. Erstens beschreibt er die Fähigkeit, moralische Intuitionen in der Natur zu realisieren. Zweitens weist er darauf hin, daß das Handeln die Wahrnehmung verändert. „Moralisch“ wird Technik dann, wenn die individuell erlebten moralischen Intuitionen und das Natur-Bild für den handelnden Menschen in derselben geistigen Sphäre erlebt werden können. Die Außenwirkung des Handelns in der Natur ist dann vollständiger Ausdruck der geistigen Erlebnisse im Innern. Das gilt für die gegenwärtige Technik noch nicht.

Im Sinne Aristoteles' und Goethes kann Materie (Substanz) als Möglichkeit aufgefaßt werden, geistiges Wesen in die sinnliche Erscheinung zu bringen. Das Naturbild des Menschen ist materie- bzw. substanzlos. Das goetheanistische Naturbild kann vom Ich mit neuer Substanz erfüllt werden, wenn es die Fähigkeit zur moralischen Intuition besitzt. Die moralische Intuition ermöglicht die Erscheinung individueller Taten aus dem Geiste heraus. In diesem Sinne kann die moralische Technik als substanzverwandelnd bezeichnet werden. Was sie bewirkt, kann nicht bloß aufgrund der natürlichen Substantialität geschehen. Es geht aus der geistigen Substanz des Ich hervor.

Damit ist ein Weg aufgezeigt, Natur und Moral wirklich miteinander zu verbinden. Die Trennung zwischen dem naturwissenschaftlich beschreibbaren Kosmos und dem moralischen religiösen Nachempfinden desselben muß nicht auf Dauer bestehen. Wenn man die Entwicklungskraft dieses Ideals erlebt, stellt man dessen innere Verwandtschaft mit den Berichten des Neuen Testamentes fest. Es wird denkbar, daß ein Wesen, das in sich dauernd die Quelle der moralischen Intuitionen spürt und sich nicht wie der gegenwärtige Mensch immer neu zu ihr hinarbeiten muß, in jeder seiner Handlungen etwas bewirkt, das in seiner Gegenwart unmittelbar geistiges und zugleich sinnliches Ereignis ist. Kosmos und Erde wirken dann in jedem Momente zusammen. Es wird dann nachvollziehbar, daß die Evangelien vom Leben des Jesus Christus – dem Sohn Gottes von der Jordan-Taufe an – als einer historischen Wirklichkeit berichten, an deren substantieller Wirkung der Mensch teilhaben kann.[16]

Anmerkungen

1 Carl Friedrich von Weizsäcker: Der Garten des Menschlichen, Frankfurt 1992, S. 412.
2 Derselbe: Aufbau der Physik, München 1986, S. 616.
3 William Gilbert: De magnete, London 1600 (Englische Übersetzung von P. Fleury Mottelay [1893]), New York 1958.
4 Rudolf Steiner: Anthroposophische Leitsätze, Dornach 1972, S. 255.
5 Johann Wolfgang von Goethe: Brief an den Kanzler von Müller, 24. Mai 1828, in: Goethes naturwissenschaftliche Schriften, herausgegeben von Rudolf Steiner, Bd. 2, Dornach 1975, S. 63f.
6 Johann Wolfgang von Goethe: Zur Farbenlehre, Tübingen 1810, in: Goethes naturwissenschaftliche Schriften, herausgegeben von Rudolf Steiner, Bd. 3, Dornach 1975, S. 77.
7 Wie Anm. 5.
8 Wie Anm. 6., S. 282.
9 A.a.O., S. 284.
10 C. C. Gillipsie: The Edge of Objectivity, Princeton 1970, S. 199f.
11 Rudolf Steiner: Die Philosophie der Freiheit, Dornach 1987, Kap. 8.
12 A.a.O., Kap. 3.
13 A.a.O., S. 42.
14 A.a.O., S. 143.
15 A.a.O., Kap. 12.
16 Rudolf Steiner: Die geistige Führung des Menschen und der Menschheit, Dornach 1974, vor allem dritter Vortrag.

MENSCHENERKENNTNIS UND GESCHICHTSVERSTÄNDNIS

CHRISTOPH LINDENBERG

Wer über Geschichte sprechen will, muß wissen, was Gegenwart ist. Und wenn man von Gegenwart spricht, dann beginnt man am besten mit dem wichtigsten Phänomen, das die Gegenwart auszeichnet, mit unserem Wachsein. Wenn ich morgens aufwache, dann ist das erste, was ich tue, daß ich mich vergewissere, wo ich genau bin – man ist ja nicht immer am selben Ort und manchmal ist man abends irgendwo angekommen und staunt dann, wo man ist, und dann erinnert man sich, wie man da hingelangt ist. Wenn man seinen Ort festgestellt hat oder auch vorher, fragt man sich, wieviel Uhr es ist: halb sechs oder auch halb sieben. Und dann sagt man sich, jetzt habe ich ja noch ein bißchen Zeit. Dann denke ich, daß ich um zehn nach acht in meinen Kurs gehen soll. Das erste, was ich dann tue: ich denke an diesen Kurs und ich stelle mir die Kursteilnehmer alle noch einmal vor, so wie sie am vergangenen Tage dort gesessen haben. Da weiß ich, dort saß der Herr Telsch, dort der Herr Dobmann, und ich stelle mir alle Kursteilnehmer erst einmal richtig vor, wie sie im Halbkreis da sitzen, und dann denke ich an die Fragen, die wir gestern besprochen haben, und an das, was sie gesagt haben, was sie bewegt hat, und dann besinne ich mich auf die Vorbereitung, die ich am letzten Abend für den heutigen Tag getrieben habe. Ich erinnere mich also, ich schaue zurück um vorauszuschauen. So vergegenwärtige ich mich erst recht durch Vorschau und Rückschau. Ich weiß dadurch, daß ich nun wirklich da bin. Indem ich mich nach vorwärts und rückwärts entwerfe, fühle ich mich in meiner Gegenwart als ein bewußtes Ich, das sich seine Kontinuität und Identität in der Zeit schafft.

Aber dann kommt mir ein wichtiger Gedanke: Du hast ja in dieser Nacht geschlafen. Du hast geschlafen und da warst du nicht bewußt. Aber ich kann auf den Schlaf zurückblicken – die wichtige Erfahrung ist bekannt, daß man verschiedenartig schläft. Man spürt, wie man geschlafen hat, und man fühlt in die Richtung dessen, wo man gewesen ist und was man da herausbringt. Dann merkt man, daß die Kraft, die man aus dem Schlaf geschöpft hat, sich am Tag in die Kraft des Aufrichtens verwandelt, und so erinnert man sich auch an das, was in der Nacht wie in einem Heilbad die Schäden des vergangenen Tages wegräumend gewirkt hat. – Dann ist es nach einer Reihe von Zwischenprozeduren 8.10 Uhr geworden. Man geht zu dem Kurs, man geht eigentlich immer, ich jedenfalls, mit Zittern und Zagen zu dem Kurs. An der Türschwelle vergißt man alles, was man inhaltlich vorbereitet hat, man versucht, daß nur *das* in diesem Augenblick als Vorbereitung zählt, was aus der Kraft des bisherigen Lebens fließt. Denn nun gilt es erneut gegenwärtig zu werden, nämlich gegenwärtig für die, die dort sind und dort um einen herum sitzen. Meine erste Frage ist immer, welche Fragen und welche Beiträge nunmehr aus dem Kurse kommen. Da wir uns immer etwas vorgenommen haben, kommt dann eigentlich auch immer etwas. Man bemüht sich jetzt bei dem Hinhören nicht so hinzuhören, daß man anerkennt oder abweist, sondern so hinzuhören, daß man versteht. Man hört in das hinein, was der andere sagen will. Wenn viel in dieser Art geschehen ist, versucht man vielleicht das, was da gesagt worden ist, zusammen in ein Bild zu bringen, aber nicht in ein Bild, das man schon hatte, nicht in ein solches Bild, das ein fertiges

Schema ist, also nichts von dem, was ich gestern Abend vorbereitet habe oder was ich vor 14 Tagen oder vor zwei Jahren gemacht habe, sondern ein Bild, in dem sich das, was jetzt gegenwärtig gesagt worden ist, ausspricht. Nun versucht man, auf sich selbst in seiner leiblichen, in seiner herzlichen Existenz zu achten. So wie man zum Schlaf hingefühlt hat, fragt man sich jetzt, bist du in diesem Augenblick – das Wort ist nicht glücklich gewählt – vielleicht ganz entspannt? Bist du verkrampft? Bist du in der Lage, von deiner seelischen Disposition her ganz offen zu sein? Es ist ja manchmal so, daß einem doch irgendetwas antipathisch ist und daß man sich dann verkrampft, man beobachtet das an sich. Dann wird man erst einmal ausatmen und noch einmal hinhören und noch einmal nachfragen, damit man dann das Gespräch aus dem führt, was in diesem Kreise lebt. Was das Ich so tut, um ganz wach zu sein, um ganz gegenwärtig zu sein, ist ein Sich-Öffnen, ein Sich-Verbinden, ein Sich-Vereinen mit dem Gegenwärtigen.

Aber sehr oft sind wir nicht gegenwärtig, wir kennen das. Wir sind in einem Vortrag, und der Redner redet. Die ersten fünf Minuten sind wir gegenwärtig bei der Sache, doch dann fallen uns allerlei Gedanken ein, Gedanken des Widerspruchs, der Zustimmung, aber manchmal ist man einfach erschöpft und 'driftet' etwas ab. Oder man ist in einem Konzert: Zuhören ist ja eine besondere Anstrengung, und dann auf einmal sieht man, daß man jetzt dabei ist, sich zu überlegen, welche Einkäufe man morgen tätigen muß oder was sonst mit diesem oder jenem ist, kurzum das Gegenwärtigsein ist nicht immer ganz leicht. Dann bemerken wir auf einmal, daß in uns Vergangenheit webt. Denn alles das, was da auftaucht, auch die Zukunftspläne, sind Vergangenheit. Auch unsere Zukunftsvisionen möblieren wir aus dem Arsenal unserer Vergangenheit, aus dem, was wir einmal gesehen haben. Uns tauchen Bilder aus der Vergangenheit auf und wir merken, die Vergangenheit greift nach uns. Wir sind nicht ganz gegenwärtig. Wir koppeln uns von der Gegenwart ab. Schlimm wäre es, wenn wir diese Möglichkeit nicht hätten. Wir müßten dann beispielsweise einen ganzen Vortrag lang intensiv zuhören: man wäre an die Gegenwart gefesselt. Der Lehrer muß z.B. wissen, daß die Schüler nicht dazu da sind, ihm die ganze Zeit die Spitze ihrer Aufmerksamkeit entgegenzustrecken, damit er da seine Bemerkungen draufstecken kann. Zum Glück sind wir nicht immer an die Gegenwart gebunden, wir können ausweichen, in eine Art von eigener Traumwelt abdriften. Aus dem Gespräch können wir, während der andere noch redet, ausbrechen, abschweifen oder uns schon überlegen, wie wir ihn widerlegen, und damit nicht mehr zuhören. Daß wir uns von der Gegenwart abkoppeln können, ist die Bedingung der Möglichkeit unserer Freiheit. Wir bedürfen dieser Möglichkeit, in die Vergangenheit und in unsere Privatheit zu fliehen, damit wir „frei" sein können.

Freilich kann man in der Möglichkeit des Sich-Abkoppelns auch mehr als nur den Weg ins Private entdecken. Einen anderen Aspekt dieser Möglichkeit kann man in der so gewonnenen Innerlichkeit, die mit der Produktion eigenständiger Gedanken verbunden ist, erblicken. Jeder normal entwickelte Erwachsene hat die Chance, sich eigene Gedanken über die Vorgänge der Welt zu machen und in ihrem Zusammenhang eigene Erlebnisse, eigene Gefühle zu haben. Wir verfolgen hier neben diesem Aspekt der Freiheit auch die Problematik, die sich aus der Tatsache ergibt, daß der Mensch nicht an seine Gegenwart gefesselt ist.

Aber die so erworbene, die so erkaufte Freiheit ist immer um einen hohen Preis gewonnen, um den Preis, daß wir nicht mitbekommen, was in der Welt läuft, um den Preis des hoffnungslos Privaten, um den Preis des Abirrens. Da sehen wir, daß das Gegenwärtigsein eigentlich die große Aufgabe ist, die wir für uns selbst empfinden, von der wir sehen, daß es eigentlich einem wachen Ich geziemt, anwesend zu sein, zu verstehen und mitzumachen. Ich möchte sogar wagen zu sagen: die Anwesenheit, das Gegenwärtigsein ist die eigentliche Aufgabe des Ich.

Die Geschichte, das Leben, die Entwicklung der einzelnen Menschen schreitet immer fort. Derjenige, der in diesem Augenblick vor mir sitzt, ist nicht derselbe, der mir gestern Abend begegnet ist. Er ist ein wenig ein anderer geworden. Die Situationen, in denen Menschen zusammenkommen, haben sich geändert. Nie wird sich die gleiche Konstellation wiederholen. Infolgedessen kann ich nie die Gegenwart erleben, wenn ich auf eine Vergangenheit zurückgreife. Ich muß aber nicht nur sehen, daß um mich herum die Menschen sich ständig ändern, daß die Verhältnisse fortschreiten, sondern auch ich bin heute ein anderer als gestern, auch dann, wenn es vielleicht äußerlich nicht so scheint und jemand einem schmeichelhafterweise sagt, Sie sehen ja noch immer so aus wie vor zehn Jahren. Man muß da nicht wie Brechts Herr K. erbleichen; der Schein kann trügen. Aber jeder neue Tag, jeder neue Menschenkreis stellt uns vor neue Aufgaben und das heißt nun, daß das schöpferisch handelnde Ich eigentlich immer anstrebt, aus dem Gegenwartserleben, aus der Gegenwartskonstellation, aus dem, was aus dem Umkreis wirklich gegenwärtig ist, heraus zu handeln, zu sprechen und nicht aus dem heraus zu sprechen, was einmal war. Man kennt das, daß man einer Rede, die der Redner nicht genau in diesem Augenblick vergegenwärtigt, nicht eigentlich zuhören kann. Wer seine Gedanken von gestern referiert, der erzeugt Schläfrigkeit und er darf sich nicht wundern, wenn sein Publikum einschläft.

Die große Aufgabe des Ich ist es, gegenwärtig zu sein: die gesamten Konstellationen im Umkreis, die ständigen Wandlungen wahrzunehmen. In Rudolf Steiners Buch „Die geistige Führung des Menschen und der Menschheit" wird ein Bild beschrieben, das wie ein Vorbild des Gegenwärtigseins ist. Rudolf Steiner spricht dort von dem Christus Jesus während der drei Jahre: „Während Jesus von Nazareth als Christus Jesus in den letzten drei Jahren seines Lebens vom dreißigsten bis zum dreiunddreißigsten Jahre in Palästina auf der Erde wandelte, wirkte fortwährend die ganze kosmische Christus-Wesenheit in ihn herein. Immer stand der Christus unter dem Einfluß des ganzen Kosmos, er machte keinen Schritt, ohne daß die kosmischen Kräfte in ihn hineinwirkten. Was hier bei dem Jesus von Nazareth sich abspielte, war ein fortwährendes Verwirklichen des Horoskops; denn in jedem Moment geschah das, was sonst nur bei der Geburt des Menschen geschieht. Das konnte nur dadurch so sein, daß der ganze Leib des nathanischen Jesus beeinflußbar geblieben war gegenüber der Gesamtheit der unsere Erde lenkenden Kräfte der kosmisch-geistigen Hierarchien" (a.a.O. S. 76/77). Steiner schildert hier, daß Christus so gegenwärtig ist, daß er viel weiter als wir, wenn wir in einem Menschenkreis gegenwärtig sein wollen, nicht nur die einzelnen Menschen seines Umkreises, die Menschen, die sich um ihn gelagert hatten, um die Bergpredigt zu hören, wahrnahm, sondern daß er mit seinem Wesen in alle dem lebte, was im ganzen Kosmos geschah. Und das drückt sich eben aus in dem Begriff: „Er nahm die gesamte Konstellation in sein Handeln auf." Denn Stella heißt der Stern. Wie die Sterne zusammenklangen, so wirkte dieser Zusammenklang des Kosmos durch den Christus in Jesus, der dafür ganz offen war. Dies ist nicht als eine Art von Aberglauben aufzufassen, als eine Art von Astrologie, denn das ist überhaupt nicht gemeint, vielmehr: Das große Vorbild des menschlichen Ich weist eigentlich darauf, daß der Mensch nicht nur in seinem engsten Kreise gegenwärtig sein soll, sondern daß die Menschheit heute aufgefordert ist, auch in der Gegenwart der gesamten Erde, ja im Bewußtsein dessen, was die Erde umgibt, zu leben und das auch in das Handeln mit aufzunehmen.

Gegenüber diesem Bild des Gegenwärtigseins entsteht die Frage: wie steht es da mit uns? Man wird sich selber sagen müssen, daß das volle Gegenwärtigsein auch nur in einer kleinen Menschengemeinschaft bei uns ganz selten ist und daß das wirklich produktive schöpferische Handeln und Sprechen aus dem Augenblick uns nur in Sternstunden gelingt. Aber wir sehen dieses große Vorbild. Man kann fragen, warum denn die Weltordnung den Menschen so eingerichtet hat, daß er eigentlich immer dazu neigt, nicht gegenwärtig zu sein, sondern zu privatisieren, gleichsam sich in seine Vergangenheit zurückzuziehen. Und wir sehen die Antwort darin, daß dieses Ideal des Gegenwärtigseins nicht so sein darf, daß der Mensch einfach ein Spiegel der Welt ist. Denn ein Spiegel spiegelt ja den Umkreis, ohne daß er etwas dazu kann. Das Spiegeln ist eine mechanische Leistung des Spiegels. Der Spiegel schafft nicht das Bild, sondern er ist dazu verurteilt, die Welt um ihn herum abzubilden. Er ist gleichsam ein mechanisch göttliches Wesen, das dieses Gegenwärtigsein auf mechanische Weise erlebt. Der Mensch ist in der Lage, daß er diese Gegenwart des Gegenwärtigseins lernen und erobern kann, daß er sich das erwerben muß, daß es also seine eigene Tätigkeit sein wird, gegenwärtig zu sein. Gegenwärtigsein ist eine Ich-Tätigkeit, sie wird uns nicht geschenkt.

Vom Leben in der Gegenwart zum Leben aus der Geschichte

Es hat in der Menschheitsevolution frühe Kulturen gegeben, in denen die Möglichkeit des Abschweifens noch sehr viel geringer war, nämlich als die Menschheit an alles das gebunden war, was Jahreslauf, was Lauf des Lebens in der Natur war, als es noch sehr wenige Orte gab, in die sich die Menschen privat bergen konnten. In der Zeit vor der Seßhaftwerdung wirkten unter den Menschen noch keine Traditionen, noch keine Geschichte, noch keine Vergangenheit. Auch in der Hochkultur Ägyptens spürt man, wie stark die Menschen in Ägypten an das dort Vorhandene gebunden waren. Ägypten ist ein Land, in dem es kein Ausweichen gibt. Es ist im Westen und im Osten von endloser Wüste umgeben, in die man nicht herein kann. Das Mittelmeer war in jener Zeit für die Menschen noch nicht schiffbar, so war auch der Norden eine Grenze. Ägypten war damals nur Niltal. Und dieser Nil bestimmte das Leben und Arbeiten der Ägypter; man mußte sich nach der Nilüberschwemmung richten, die vom Juli bis in den Oktober hinein andauerte und Ägypten in eine silberne Perle verwandelte, die Perle des das Licht spiegelnden Wassers. Dann wurde Ägypten grün, die Menschen waren an dieses Grün und an die Arbeit im Grünen gefesselt, und dann wurde Ägypten, wenn die Ernte eingefahren war, rot, rot von Wüstensand, und wiederum bestimmte die Natur das Leben. So wie die Natur in Ägypten das Leben bestimmte, so bestimmte in Ägypten auch der Pharao, die Theokratie das Leben. Wir haben in der ägyptischen Kultur noch das Bild einer Kultur, in der die Menschen nur ganz geringe Freiheitsgrade hatten, in der die Menschen sozusagen noch weitgehend Spiegel der Weltverhältnisse und des theokratisch-göttlichen Willens waren.

Das ändert sich grundlegend bei den Griechen. Denn bei den Griechen tritt die theokratische Herrschaft nicht nur in den Hintergrund, sondern völlig zur Seite. Es gibt keine göttliche Verwaltung der Menschen, und auch von der Natur reißen sich die Griechen schließlich los, indem sie zur See fahren, das ganze Mittelmeergebiet erforschen und schließlich – wie Plato sagte – wie die Frösche am Rande eines Teiches um das ganze Mittelmeerbecken herumsitzen. Die Griechen kannten dennoch das Glück einer eminenten Gegenwart, denn den Griechen fehlte die Tradition. Kein Volk hat sich so sehr aus sich selbst heraus in einer ständigen Gegenwart entwickelt und erneuert wie die Griechen. Sichtbar wird dies an der griechischen Geschichte und der griechischen Plastik: mit jedem Schritt der Entwicklung wird alles anders. Von der archaischen Plastik über die frühe bis zur späten Klassik, von Myron bis zur Laokoongruppe ist ein Entwicklungsstrom. So entwickelten sich in Griechenland auch die Verfassungen ständig neu, es gibt nichts Stagnierendes in Griechenland, die Griechen lebten die Gegenwart. Sie übernahmen auch keine andere Tradition, sie lernten kein Ägyptisch, sie übernahmen nur sehr wenig von anderen Völkern, sie lebten aus sich heraus in ihrer Gegenwart, so waren sie auch kein historisch denkendes, sondern ein Volk, das sich in der Gegenwart aber in einer sehr bescheidenen Weise frei bewegen konnte, weil es weder großen Reichtum noch große Not noch all das gab, was große Herrschaft auszeichnet. Alles war in kleine Verhältnisse aufgeteilt, so daß alles das Maß des gegenwärtig menschlichen Menschen behielt. Das änderte sich.

Die Römer haben von den Griechen Kultur und Tradition übernommen. Sie beginnen, Geschichte und Kultur zu übernehmen, die von anderswo herkommen. In Rom ist dies nicht zum ersten Mal der Fall. Schon in Babylonien hatte es diese

Merkwürdigkeit gegeben, daß das babylonische Volk für die Religion die Sprache eines früheren Volkes, nämlich der Sumerer, übernommen hatte und insofern schon etwas als die heilige Sprache pflegte, was nicht aus der Gegenwart der Babylonier erwachsen war. Aber nun wird das, was wir zum ersten Mal in Babylonien sehen, zum Prinzip der Weltgeschichte. Besonders stark wird dieses Prinzip im Mittelalter, das einen sehr großen Teil seiner Geschichte darin hat, daß es in immer erneuten Schüben das Gut der Antike übernimmt.

Im Mittelalter wird die griechisch philosophische Tradition, die römisch rechtliche Tradition, die aus dem Volk in Israel stammende religiöse Tradition in immer erneuten Schüben angeeignet, und damit wird die eigene Gegenwart durch eine Vergangenheit überlagert. Der erste ganz große Rückgriff dieser Art ist allerdings schon am Anfang des Mittelalters nicht in unserem Kulturkreis zu sehen, sondern bei Mohammed. Der Islam ist ein großartiger Rückgriff auf die Religion Abrahams und Moses. Hier sehen wir zum ersten Mal, wie etwas aus der Vergangenheit hereingestellt wird in die Gegenwart, in diese arabische Welt.

Unsere eigene Gegenwart ist wie keine andere Zeit je zuvor durch die Übernahme von Vergangenheitselementen gekennzeichnet. Die Vergangenheit ist in vielfacher Gestalt anwesend. In unserer Gegenwart lebt viel von römisch-lateinischer Kultur. Man bedenke, was in der Sprache an lateinischen Elementen hereingestreut ist. Man bedenke, wie griechische Denktradition in unserer Gegenwart weiterwirkt und wie das religiöse Leben für uns ein weitgehend Überliefertes, aus der Vergangenheit Stammendes ist. Aber nicht nur dieses gibt es heute, das würde uns ja nicht vom Mittelalter unterscheiden, sondern in unsere Gegenwart ragen Elemente indischer, ostasiatischer und arabischer Kultur herein, da wird durch Bücher etwas von indianischer Kultur in die Kultur hereingetragen, da wird etwas hereingebracht, was aus dem Schamanismus herauskommt und alle diese Elemente sind geistig in unserem Umkreis. Dazu kommt das, was die Traditionen der verschiedenen Jahrhunderte der Neuzeit prägt. Wir leben mit einer Verwaltung, die ihre Struktur aus dem 18. Jahrhundert hat. Wir haben eine Regierungsform und einen Demokratiebegriff, die aus dem 19. Jahrhundert stammen: unsere Vorstellungen von Parlament und Gewalteilung sind nicht Schöpfungen unserer Tage oder unserer Zeit. So greift heute die Vergangenheit auf allen Gebieten mit einem ungeheuer mächtigen Arm nach uns und will uns daran hindern, wirklich gegenwärtige Menschen zu werden.

Aber es gibt noch ein zweites Element, das uns auch beherrscht. Es tritt zwar nicht als Vergangenes auf, stammt aber doch aus der Vergangenheit, indem es die Gesetze der gewordenen Welt beschreibt: die Gesetze der Naturwissenschaft. Ein Beispiel: Der englische Philosoph und Staatstheoretiker Thomas Hobbes dachte über die Naturgesetzlichkeit des Menschen nach und kommt zu dem Ergebnis, daß der Mensch von zwei Dingen beherrscht wird: von Fuga und Appetitus, von Furcht und Begierde. Sympathie und Antipathie bestimmen den Menschen. Infolgedessen, so fuhr er fort, ist der Mensch für den Menschen ein Wolf. Aus diesem als Naturgesetz gedachten Gedanken folgerte Hobbes im Leviathan, daß wenn auf der Welt Ordnung herrschen soll, eine absolute Ordnung herrschen, eine absolute Obrigkeit da sein muß, und so wurde aus dem vermeintlichen Naturgesetz, der Mensch ist ein Wolf, das Staatssystem des Absolutismus theoretisch begründet.

Hier tritt nun eine andere Art von Vergangenheit auf, die Vergangenheit, die sich als Naturtatsache, als Naturgesetz kaschiert und mit imperativer Macht vorschreibt, wie das Handeln der Menschen sein soll. Setzt man sich als jemand, der um Gegenwart ringt und der versucht, sich innerlich geistig zu schulen, mit diesen Dingen auseinander, dann trifft man zunächst auf die Tatsache, daß alles das, was so auftritt wie der Satz von Hobbes, daß der Mensch den Menschen ein Wolf ist, als Tatsachenbehauptung auftritt. Es tritt als Tatsachenbehauptung auf, daß man sagt, der Mensch wird durch die Vererbung bestimmt. Man sagt dazu nicht, das sei eine Theorie, sondern die Menschen glauben, das sei eine Tatsache. In diesem Sinne sagt man auch: Der Mensch ist Produkt der Vererbung, der Mensch wird durch Hormone regiert, oder der Mensch wird durch das Milieu bestimmt, oder der Mensch ist der staatlichen Leitung bedürftig, weil sonst Chaos entsteht. Alle solche Gedanken treten als Tatsachenbehauptung auf; sie nehmen den Charakter herrschender Gedanken an, herrschend im wirklichen Sinne des Wortes. So ist ein herrschender Gedanke ein diktatorisch, tyrannisch auftretender Gedanke. Dies ist erlebbar. Rühren Sie einmal bei jemandem, der an die Vererbung oder Milieubestimmung glaubt, an diesem seinem ‚Sparren' und Sie merken, er ist von diesem Gedanken beherrscht, und solche Gedanken bilden die große kollektive Regierung. Ganze Völker werden durch solche Gedanken beherrscht. Es gibt z.B. Völker auf diesem Planeten, die meinen, sie seien dazu bestimmt, Ordnung in der Welt zu schaffen, sie seien wirklich das auserwählte Volk.

Das Geistig-Wesenhafte in den wirkenden Vergangenheiten

Wenn man sich dann diesen herrschenden Gedanken, die so unendlich viele Köpfe und Herzen ergreifen, erlebend gegenüberstellt, sieht man, daß man es da nicht nur mit herrschenden Gedanken, sondern mit geistig Wesenhaftem zu tun hat. Man erlebt auch bei dem Studium der Geschichte, wie z.B. auf einmal solche Gedanken wie eine Modewelle in eine Zeit einbrechen und ganze Menschengruppen ergreifen, ja wie sich Gruppen im Zeichen solcher Gedanken verschwören. Man spürt darinnen den Willen eines Wesens, das den Menschen diese Gedanken gibt. Man könnte das im einzelnen nachweisen bis in die Art der sprachlichen Formulierung dieser Gedanken, bis in die Art des Fanatismus, mit denen solche Gedanken vorgetragen werden. Wenn man sich von der Realität dieser sich nicht verändernden Gedanken und der hinter ihnen stehenden geistigen Mächte überzeugt hat, dann findet man in dem Buch „Die Geheimwissenschaft im Umriß“ von Rudolf Steiner eine ganz entscheidende Bemerkung, die Licht auf unser Problem wirft: „Um die weitere Entwicklung zu charakterisieren, muß auf eine Tatsache des Weltenwerdens hingewiesen werden, welche von der allergrößten Bedeutung ist. Sie besteht darin, daß im Laufe einer Epoche keineswegs alle Wesen das Ziel ihrer Entwicklung erreichen. Es gibt solche, die hinter diesem Ziel zurückbleiben.“ (a.a.O. S. 179). Diese Tatsache besagt, daß die mit der Evolution der Menschheit verbundenen geistigen Wesen sich nicht im gleichen Rhythmus entwickeln, sondern daß in der geistigen Welt geistige Wesen vorhanden sind, die zurückbleiben. Man kann zunächst einmal sehr gut verfolgen, wie in die Geschichte und das geschichtliche Handeln solche zurückgebliebenen Geister einbrechen. Nun sind aber diese in die Geschichte einbrechenden zurückbleibenden Geister sehr unterschiedlicher Art.

Die erste Art, die man beschreiben kann, ist eigentlich sehr leicht zu beschreiben. Es gibt in der Geschichte, insbesondere in der Geschichte der Neuzeit und des Mittelalters viele Bewegungen, die sich bewußt zurück in die Geschichte wenden. Das beginnt schon bei den Ottonen. Da tritt die Idee der renovatio imperii auf. Man will das Reich Karls des Großen, später das römische Reich erneuern. Man blickt in die Geschichte, um sein eigenes Handeln zu orientieren. Die *Re*formen, Reformationen und Renaissancen sind Bewegungen, die behaupten: wir wollen die alte Form, die ursprünglich einmal dagewesen ist, wieder herstellen. Das ist vor allen Dingen in der Reformation der Fall. Denn die Reformation eines Martin Luthers wollte nicht eine neue Kirche gründen, die in die Zukunft führt, sondern Luther wollte das wahre Christentum wieder herstellen. Darin bestand seine Reformationsidee. Dasselbe gilt für den Humanismus, das Wiederaufgreifen der antiken Schriftsteller, Cicero, Vergil und Ovid – so sprechen und so schreiben können wie Cicero als Ziel der Humanisten. Das geht hin bis zum Klassizismus, der sich an der Winckelmannschen Idee der griechischen Kunst orientiert. Alle diese Bewegungen projizieren für ihre Gegenwartsreligion ein Ziel in die Vergangenheit. Diese Ziele sind immer Mißverständnisse der Vergangenheit. Denn die Griechen und die griechische Kunst waren alles andere als edle Einfalt und stille Größe. Die Apostel waren ganz bestimmt nicht so, wie sich das die lutherische Kirche vorgestellt hat. Auch der Versuch des Humanismus, die Antike wieder zu beleben, der Versuch der Renaissance, die Antike wieder zu beleben, führt zu etwas ganz anderem als zur Antike. Denn die Venus von Milo unterscheidet sich doch ein wenig von der

Venus, die Botticelli gemalt hat. Wir sehen, daß diese rückwärts gewandten Bewegungen etwas Merkwürdiges an sich haben. Sie müssen einen Rückgriff in die Vergangenheit machen, sie müssen sich sozusagen aus einer bestimmten geistigen Unproduktivität heraus an der Vergangenheit emporranken. Diese Art von nicht ganz kräftigen, aber doch geistigen Wesen, die die Menschen so zu alter Kultur zurückführen, sind wohl noch die sympathischste Form der zurückgebliebenen Geister. Wenn man auf die Harmlosigkeit sieht, mit der ein Goethe dieses griechische Kunstideal nach Weimar transportiert hat und Vorschriften für die Malwettbewerbe und Zeichenwettbewerbe macht oder wie er dann in den Weimarer Schlössern und an anderen Orten die Säulen so anmalen läßt, als wäre es griechischer Marmor, so kann man dafür immer noch ein zartes Faible haben.

Eine andere Wendung zur Vergangenheit erkennt man im bewußten Konservatismus. Der Konservatismus tritt als eine Antwort auf die dynamischen und chaotischen Bewegungen der Französischen Revolution auf. Im Konservatismus tritt nun schon etwas ganz anderes auf, da ist es nicht eine kulturelle Bewegung, die sich der griechischen Antike bemächtigten will, sondern es geht im Konservatismus um Machtfragen. Man entwickelt den Gedanken, daß die Menschen autokratisch regiert werden müssen, denn sie seien zur Selbstregierung nicht fähig. Man will das Ancien régime wieder herstellen. Dieser Konservatismus tritt mit großer Konsequenz als autokratische Bewegung der römischen Kirche auf. Dort ist er auch besonders klar zu erkennen. Die entscheidende Gestalt ist hier Papst Pius IX., der, bevor er 1846 auf den Stuhl Petri gewählt wurde, einer der liberalsten und freisinnigsten Bischöfe Italiens war. Aber dieser Mensch erleidet durch die Ereignisse, die sich 1848/49 in Rom abspielen, einen solchen Schock, daß er zum entschlossenen Reaktionär wird. Er betreibt eine bewußte Politik, die 1854 in der Dogmatisierung der Behauptung, daß auch Maria von einer Jungfrau geboren sei, ihren Ausdruck findet. 1864 folgt die Verurteilung aller modernen Lehrsätze, 1870 die Dogmatisierung der Unfehlbarkeit des Papstes. Hier wird mit aller Gewalt, ganz klar und deutlich, unmißverständlich und ehrlich gesagt – ich lege Wert auf das Wort „ehrlich" –: wir wollen dieser heranbrausenden, verheerenden Neuzeit den Felsen Petri entgegenstellen, und an diesem soll sie sich brechen. Wir wollen eindeutig für die alte, ewig gültige Wahrheit eintreten. Das wird dann in kirchlichen Rechtssätzen zementiert, die hier nicht im einzelnen zitiert werden, an denen man jedoch sehen kann, wie bewußt auf eine Ordnung zurückgegriffen wird, die es zwar nie gegeben hat, die man aber auch als die richtige Form der römischen Kirche in die Vergangenheit projiziert. Ein bedeutender Kardinal hat das auf eine Formel gebracht. Der Kardinal Rauscher hat einmal im österreichischen Herrenhaus den Satz gesprochen: Die Kirche kennt keinen Fortschritt. Damit ist die Sache so klar und so eindeutig formuliert, daß man dagegen überhaupt nicht mehr zu protestieren braucht. Man kann dagegen gar nichts sagen. Es ist zu bemerken, daß die zurückwirkenden geistigen Wesen, die im Konservatismus wirken, von härterer Art sind, von deutlicherer Art sind als jene kulturproduktiven rückwärtsgewandten Bewegungen der Renaissance, Reformation und der Klassik. Die geistigen Wesen, die hinter dem Konservatismus stehen, treten als Verfechter eines rigiden Moralismus auf, in Wirklichkeit aber geht es um die Macht einer Organisation.

Grundsätzlich muß man aber von diesen Wesen jene anderen unterscheiden, die die Signatur der Rückwärtsgewandtheit nicht auf der Stirn stehen haben. Dem Konservativen steht die Rückwärtsgewandtheit auf der Stirn geschrieben, ebenso dem Humanismus. Nicht aber steht der Rückgriff auf die Vergangenheit dort auf der Stirn geschrieben, wo die geistigen Wesen, die hinter diesen Mächten stehen, sich so gebärden, als ob es sich um Naturtatsachen und Naturgesetze handelt. Man kann aber ganz deutlich an vielen Beispielen verfolgen, wie diese Gedanken aus der Vergangenheit herkommen. Am allereinfachsten wird das bei dem Gedanken, der auf Darwin zurückgeht, nämlich auf den Gedanken, daß die Welt, das Leben vom Kampf ums Dasein beherrscht sei, daß sich im Kampf ums Dasein eine natürliche Selektion abspiele und daß dabei der Beste überlebe. Struggle for life – dieser Gedanke ist entwickelt worden an der Erdvergangenheit, an der Geschichte der Tierwelt. Man hat es mit einem Vergangenheitsgedanken erster Klasse zu tun. Man könnte das für viele andere Dinge auch nachweisen. Ein solcher Gedanke wird in das soziale Leben hereingetragen und zwar in verschiedener Form. Die liberalistische Wirtschaftstheorie behauptet z.B., daß der Konkurrenzkampf das förderlichste Element der Wirtschaft sei. Die reichsten, die bestangepaßten Unternehmungen überleben den Konkurrenzkampf, infolgedessen ist dieser Konkurrenzkampf etwas, was die besten Unternehmungen fördert und damit das Gemeinwohl am meisten fördert. Der darwinistische Gedanke wird unmittelbar in das Soziale transportiert und begründet das Konkurrenzdenken, das liberalistische Denken. Interessant ist, daß man sich dabei auf etwas verläßt, was dann die „unsichtbare Hand" genannt wird. Es geht hier nicht darum, das Fehlerhafte der liberalistischen Wirtschaftstheorie aufzuzeigen, aber es ist keineswegs immer so, daß die besten Betriebe überleben. Es ist keineswegs so, daß durch das Überleben der stärksten Betriebe immer dem

Gemeinwohl am meisten gedient wäre. Es ist überhaupt nicht so, daß das, was wir Marktwirtschaft nennen, also Liberalismus, einfach der Verbesserungsschlüssel wäre. Das sieht man am deutlichsten dort, wo der entfesselten Marktwirtschaft freie Hand gegeben wird. Dort denkt man nicht mehr an die Menschen, um die es geht. Die Folgen eines solchen liberalen, gesetzmäßig ökonomischen Denkens sind in den neuen Bundesländern sehr deutlich zu sehen. Die Anwendung der liberalen Wirtschaftsweise macht drei Millionen Menschen arbeitslos; das Naturgesetz wirkt. Und man glaubt an die Wirksamkeit solcher Naturgesetze. Aber Sozialgesetze sind keine Naturgesetze.

Eine noch viel verheerendere Form, durch die der Darwinismus in das Sozialleben eingegriffen hat, ergab sich dort, wo man den Darwinismus und seine Theorie vom Kampf ums Dasein auf das Völkerleben angewandt hat. Dieser Sozialdarwinismus glaubte, daß das Völkerleben ein Kampf um das Dasein sei, daß dieser Kampf unerbittlich geführt werden müßte und daß schließlich die beste Rasse bei diesem Völkerkampf ums Dasein zum Nutzen der Menschheit siegreich triumphieren würde und die anderen entweder unterwerfen oder ausrotten könnte. Die Konsequenz des Sozialdarwinismus wurde hier in Deutschland gezogen, er heißt hier Nationalsozialismus.

Es gibt also Gedanken, die aus der Vergangenheit stammen und die sich als Naturgesetze kaschieren und ableiten. Auch diese Gedanken werden herrschende Gedanken, aber sie haben im Gegensatz zu den freundlichen rückwärtsgewandten Gedanken der Renaissancegeister den Charakter des Unerbittlichen. Es geht ihnen nicht mehr um die Menschen, sondern es geht diesen rückwärtsgewandten Gedankenwesen um sich selbst und ihre eigene Logik. Das kann man an einem der letzten Worte desjenigen, der da in Berlin in seinem Bunker Selbstmord begangen hat, sehen. Als er schließlich sah, daß Deutschland durch ihn vernichtet und das deutsche Volk dem Untergang entgegengeführt wurde, sagte er: „Dann also sind die Slaven die bessere Rasse und sie müssen es in Zukunft übernehmen" – einsame Konsequenz des rassistischen Denkens. Es geht nicht um Menschen, sondern es geht um eine Theorie. Und diese Theorie tritt als Tatsache auf.

Indem wir hier innehalten und auf das Dargelegte zurückblicken, können wir sehen, daß wir innere Anschauungen jener geistigen Wesen gewonnen haben, die als zurückgebliebene Geister in den Geschichtsablauf eingreifen. Rudolf Steiner hat diese geistigen Wesen erstmals in der „Geheimwissenschaft" und dann wiederum in der Schrift „Die geistige Führung des Menschen und der Menschheit" geschildert und benannt. Steiner nennt diejenigen geistigen Wesen, die die Vergangenheitsorientierung auf ihrer Stirne geschrieben haben und die vergangene Zeiten wieder heraufführen wollen, die luziferischen Wesen. Sie wollen die Menschen in vergangene Welten, deren Bilder sie frei entwerfen, zurückführen. Das Bild von der Vergangenheit, das diese Wesen schaffen, ist das Bild einer besseren, moralischeren Welt. So drapieren sich diese Wesen als moralische Wesen. Diejenigen geistigen Wesen, die das menschliche Leben an vorgeblichen Naturgesetzen oder Naturtatsachen orientieren wollen, treten mit dem Pathos unerbittlicher Notwendigkeiten auf. Rudolf Steiner nennt sie ahrimanische Wesen. In einem gewissen Sinne sind sie die viel weiter zurückgebliebenen Wesen, durch ihre im Grunde einfachen Gedanken haben sie aber auch eine große Macht, sie appellieren nicht an die moralischen Kräfte der Menschen, sondern an die verschiedensten egoistischen Triebe: an das Gewinnstreben, an das Sicherheitsbedürfnis, an die Trägheit.

Von Zeit zu Zeit gehen die luziferischen und ahrimanischen Wesen Bündnisse ein. Dann treten die vergangenheitsgerichteten Impulse nicht in eindeutiger Form auf: bei bestimmten Formen des Konservatismus kann man sowohl moralische Forderungen wie auch das Machtstreben einer Organisation erkennen, die an die Sicherheitsbedürfnisse oder an nationale Triebe appelliert. Das soll hier nicht ausgeführt werden. Hier kam es zunächst darauf an, überhaupt einen Begriff der luziferischen und ahrimanischen Wesen zu gewinnen und auf innere Beobachtungsmöglichkeiten hinzuweisen, die klare Perspektiven für die historische Betrachtung erschließen.

Nur im Kampf mit den zurückgebliebenen Geistern, die als Theorie auftreten, die als Konservatismus auftreten oder die als Vergangenheitsflucht auftreten, kann der Mensch die Gegenwart erringen. Die Gegenwart wird uns nicht geschenkt. Wir können die Inspiration der zurückgebliebenen Geister sehr gut erkennen. Es gibt ein Kriterium, an dem man sie erkennen kann. Sie werden dem Menschen von außen fertig gegeben. Die Vergangenheitsgedanken, die Vergangenheitsorientierung tritt als fertiges Gebilde der Antike, tritt als fertiger Gedanke der konservativ-moralischen Ordnung, tritt als fertiger Gedanke eines Naturgesetzes an den Menschen heran. Fertige Vorstellungen, perfekte Theorien und Handlungsmuster wollen von uns Besitz ergreifen, auf daß wir uns nach ihnen richten. Unsere Aufgabe aber ist es, unsere Freiheit von allen diesen fertigen Gedanken zu erringen und in jeder augenblicklichen Gegenwart aus uns selbst heraus, besser gesagt, aus dem Erleben unseres Umkreises heraus, die Gedanken zu schöpfen, die die Gedanken der Gegenwart sind, das ist die moderne imitatio christi, die Nachahmung Christi. In anderen Worten: Etwas von dem aufnehmen, was das Ich im Umkreis erlebt, was das Ich als Konstellation des Umkreises erlebt. Dieser Kampf um die Gegenwart ist etwas, was uns heute in der ganzen Zivilisation entgegentritt. Denn schon die Kinder werden in der Schule mit Gedanken und Doktrinen vollgestopft. Vorstellungen, Interpretationen, Modelle beherrschen die Köpfe und werden ihnen eingegeben. Durch die Literatur werden Moden und Ideologien verbreitet, und durch die Reklame werden uns Vorstellungen von außen aufgedrängt. Alle diese von außen kommenden Gedanken muß man nicht absolut zurückweisen, aber in entscheidenden menschlichen Situationen geht es darum, daß der Mensch aus dem Erleben des jeweiligen Umkreises heraus, daß der Mensch aus dem Erleben der jeweiligen Konstellation einen eigenen Impuls, einen eigenen Gedanken gebiert, so daß er lernt, gegenwärtig zu sein und aus der Gegenwart des Geistes zu handeln.

CHRISTUS UND DIE KULTUR-ENTWICKLUNG DER MENSCHHEIT

ARNOLD SUCKAU

Anthroposophie hat durch sich selbst einen geschichtlichen Zug. Sie steht zwischen zeitlosen, ewigen Wahrheiten auf der einen Seite und der Resignation gegenüber Wahrheit und Wirklichkeit auf der anderen Seite. Es gibt ja die Vorstellung, daß die Tatsachen der Sinneswelt sich fortwährend verändern, daß aber die geistigen Tatsachen und geistigen Wahrheiten zeitlos gültig wären. Die Anthroposophie hat einen geschichtlichen Zug, indem sie nicht von solchen zeitlosen, ewigen Wahrheiten spricht, aber natürlich nicht vorhanden wäre, wenn sie einstimmen würde in die Stimmen, die resignieren, an die Wahrheit heranzukommen. Denn es gibt in jedem Menschen die Möglichkeit, das Wirkliche auch da zu suchen, wo etwas nicht fertig gegeben vorhanden ist.

Wir suchen diesen Einstieg, indem wir uns selber ergreifen. Hinweise darauf haben u. a. Novalis und Fichte sehr bildhaft, eindrücklich gegeben, Fichte, indem er einmal den Satz aussprach: Die meisten Menschen sind leichter dahin zu bringen, sich für ein Stück Lava auf dem Monde als für ein Ich zu halten. Diese Aussage ist natürlich übertrieben, sie lenkt aber gerade dadurch den, der hören will, unmittelbar auf das, was Fichte damit sagen wollte: daß das menschliche Ich in einem tieferen Sinne gar nicht etwas ist, das man lediglich passiv in sich registrieren könnte. Das ist zwar auch möglich, aber das führt sofort zu der Frage: Ist das überhaupt etwas Wirkliches? Oder ist das vielleicht nur ein Schein, wo irgendein Bündel seelischer Faktoren auf uns den Eindruck macht, wie wenn da ein Wirkliches wäre? Unter den Fragmenten des Novalis findet sich der Ausspruch: „Der Geist führt einen ewigen Selbstbeweis". Also beweisen kann man den Geist nicht, d. h. aufzeigen, daß er irgendwo wäre, wo man ihn anfassen kann oder seelisch passiv einfach registrieren kann. Aber deshalb muß er nicht verborgen bleiben, denn der Geist, nach Novalis, führt einen ewigen Selbstbeweis. Dieses Ergreifen eines Funkens, an den man nur herankommt, wenn man im gewöhnlichen, alltäglichen Bewußtsein gewissermaßen an den obersten Rand sich erhebt, das ist der Ausgangspunkt für eine Richtung, die wir mit dem höheren oder wahren Selbst anstreben. Es ist zunächst nur ein Punkt, selbst wenn es gelingt, ihn schöpferisch zu ergreifen. Aber von diesem Punkt aus wäre zu schauen, ob man das Feld der Wahrheit und der Wirklichkeit im weiteren Erleben auch ausdehnen kann. Es kommt außerordentlich viel darauf an, wenn der Mensch mit diesen modernen Resignationsstimmungen gegenüber der Wahrheit zu kämpfen hat, daß er sich immer wieder durch einen solchen inneren Akt mindestens zu diesem sternartigen Punkt hinbewegen kann.

Es ist selbstverständlich, daß damit nicht alles gegeben ist, daß damit der weitere Weg erst anfängt. Allerdings kann man den Eindruck haben, daß die Schriften Rudolf Steiners so geschrieben sind, daß sie immerwährend erwarten, daß das noch mit eingebracht wird, was von Novalis und Fichte angedeutet wurde. Das kann man auch ohne die Schriften Rudolf Steiners kultivieren, bis man diesen Punkt findet, sehr viel weiter kommt man dann vielleicht nicht. Aber die Schriften Rudolf Steiners suchen eigentlich bei dem Leser oder bei dem Studierenden immer diesen Punkt anzuregen, und wenn man von dieser Ichgeist-Erfahrung ausgeht, wenn man sie selber mit in das

Gespräch mit dem Text hineinbringt, dann kommt man auch mit seinem Aussage-Inhalt ganz anders zurecht. Das meint Rudolf Steiner, wenn er sagt: Beschreibungen über die geistige Welt sind eben doch etwas anderes für den, der sich damit beschäftigt in der richtigen Weise, als Beschreibungen der physischen Welt. Es muß nicht so bleiben, daß man nur außen steht und dies einfach hört und vorstellt, sondern es kann diese Differenz zwischen einer bloßen Schilderung und der Wirklichkeit, die ihr zugrundeliegt, im Ansatz überbrückt werden. Damit wird der genannte Punkt schrittweise ein wenig erweitert.

Geschichtlichkeit der Anthroposophie zeigt sich auch darin, daß Rudolf Steiner sich nicht geniert zu sagen, die Form, in der wir heute die geistige Welt suchen, anthroposophisch orientiert, die war nicht immer da und sie wird auch nicht immer so bleiben. Auch die Anthroposophie ist nicht so gemeint, daß sie etwa nur in ihrem Umfang in den nächsten Zeiten vielleicht durch weitere Forschungen vergrößert werden könnte, sondern sie wird selber dieses geschichtliche Schicksal im großen Stile haben, daß Zeiten kommen werden, die dann wiederum eine andere Form des Hineinwachsens des Menschens in die geistige Welt bringen werden. Da, wo von zeitlosen ewigen Wahrheiten ausschließlich gesprochen wird in bezug auf geistige Tatsachen, zum Unterschied von der Sinneswelt, z.B. in der älteren Theosophie, wird das nicht gesagt, was Rudolf Steiner sehr eindeutig als geschichtlichen Zug der Anthroposophie charakterisiert.

Wie haben die Menschen sich den Inhalt des Geschichtsverlaufes vorgestellt? Gemeint ist nicht so sehr das Erleben der Geschichte, sondern der Inhalt des Geschichtsverlaufes. Da gab es die Möglichkeit, einfach die bedeutenden oder herrschenden Gestalten zu zeigen mit dem, was sie erlebt oder durchgeführt haben. Die Gesamtgestalt einer fortlaufenden Herrscherchronik, nicht das einzelne Geschehen selber, erscheint amorph. Oder man hat gesagt, auf die handelnden Personen wollen wir nicht hinschauen, wir wollen die unpersönlichen Strukturen untersuchen, die Tendenzen, die auf irgendeinem Lebensgebiete zu beobachten sind, wie sie sich zu einem anderen Zeitpunkte verhalten und was es da für Verschiebungen gibt. Oder etwa Oswald Spengler hat den Versuch gemacht, partielle Ganzheiten sich vorzustellen, nicht die ganze Menschheit, für die er ja keinen Blick hatte, sondern Teile, Kulturkreise, die wie Pflanzen eine Art Ganzes in sich selber bilden und nach gewissen Gesetzen aufsteigen und wieder verfallen müssen. Oder man hat wie in alten Zeiten ein mythisches Bilderdenken in großen Kreisläufen, so wie wir von Hesiod gehört haben, daß sich ein goldenes und silbernes und ehernes Zeitalter ablösen, oder wie die alten Inder in solchen Kreisläufen von einem vorübergehenden Auflichten und einem neu einsetzenden Abstieg ausgingen. Wir haben aber auch die Vorstellung einer gewissen Finalität, daß ein göttliches Wesen da ist, das die Geschichte einem Ziel entgegenführt, das dieses göttliche Wesen allein kennt oder auch seinen Propheten kundtut. Das kann sich auch säkularisieren, indem man sagt, die klassenlose Gesellschaft ist das, was eigentlich herauskommt aus dem Geschichtsprozeß und dann wird er seine Vollendung haben.

Gegenüber allen diesen Ansätzen, die dagewesen sind und weiter da sind heute, nimmt die Anthroposophie einen vollkommen anderen Ausgangspunkt. In den Grundschriften Rudolf Steiners wird zunächst einmal, nachdem die ersten einführenden Bemerkungen über den Charakter der Anthroposophie ausgesprochen worden sind, immer vom Menschen ausgegangen. Wir werden angeregt zu empfinden, daß das, was wir zunächst vom Menschen in den Blick bekommen können, ein

Rätsel ist und zwar ein zunächst unauflösliches Rätsel. Das geschieht dadurch, daß man sehr schnell gewahr werden kann im Verhältnis des Menschen zu den Naturreichen, daß vier Schichten in dem Menschen vorhanden sind. Wenn man darüber nachdenkt, bemerkt man, die jeweils höhere Schicht kann nicht ausreichend aus der jeweils niederen Schicht hergeleitet werden, aber sie kann auch nicht ohne die Basis der jeweils niederen Schicht existieren. Das ist ein Rätsel, das in dem gewöhnlichen wachen Bewußtsein zunächst nicht gelöst werden kann. Dann wird hingewiesen auf einen Entwicklungsweg des Bewußtseins, der zu einem Gesichtspunkt führt, wodurch eine Strecke weit dieses Dunkel des Rätsels sich auflichten kann. Das gewöhnliche Bewußtsein hat recht, wenn es vor diesem Rätsel stehenbleiben muß, ihm sollte gar nicht widersprochen werden im gleichen Raume, wenn man nur die gleichen Mittel benutzt. Werden seine Aussagen aber ergänzt durch die höhere Anschauung des Menschen, der aus selbständigen Wesensgliedern zusammengefügt ist, so wird von dem physischen Leibe, dem ätherischen Leibe, dem astralischen Leibe und dem geistigen Ich gesprochen. Das ist etwas anderes als die bloße logische Anerkennung von vier Schichten im Menschen, deren eigenständige Realität offen bleibt.

Von dieser Menschenanschauung, die nicht ohne ein weiterentwickeltes Bewußtsein gefunden werden kann, geht wie von einem Tor oder durch ein Tor alles weitere in der Anthroposophie aus. Denn diese vier Wesensglieder sind nicht in einer statischen Beschaffenheit im Verhältnis zueinander, sondern können die allerverschiedensten Arten des gegenseitigen Zusammenwirkens einnehmen. Man kann von daher die Evolution des individuellen Menschen betrachten, die fortschreitenden Perioden des Älterwerdens, so auch die Phasen der Entwicklung der Menschheit, ja sogar damit zusammen die Phasen der Entwicklung der Welt. Besonders charakteristisch ist, daß wie eine Brücke zwischen dem Menschen als Einzelwesen und dem sinnvollen Betrachten des Inhalts des Geschichtsverlaufes die Tatsache, oder der Gedanke zunächst, der wiederholten Erdenleben steht. Der Geschichtsverlauf ist somit etwas, an dem zwar die menschliche Individualität nicht an allen Punkten, aber doch in ihren Rhythmen durch ihre Inkarnationen an den wesentlichen Phasen individuell in ihrem eigenen roten oder besser goldenen Faden, der sich da hindurchzieht, teilnehmen kann. Dadurch, daß diese Grundwesensglieder des Menschen in einer anderen Art und Weise miteinander verbunden sind in den einzelnen Phasen des großen weltgeschichtlichen Ablaufes der Menschheitsentwicklung, dadurch tritt auch die Veränderung oder der Wandel des Bewußtseins der gesamten Mentalität der Möglichkeiten, die jeweils in einer solchen Inkarnation auszuschöpfen versucht werden können, auf.

Kulturperioden

Wenn wir an die eigentliche Kulturentwicklung, an die Kulturperioden herantreten im Hinblick auf das Buch „Die geistige Führung des Menschen und der Menschheit", dann muß ich mich, und tue das auch gerne, immer erinnern an den Tag, an dem ich zum ersten Mal über diese Dinge persönlich etwas vernommen habe. Das war nicht in einem Lesesaal einer anthroposophischen Bibliothek, sondern in der Kriegsgefangenschaft, Frühjahr 1945 in der Bretagne, wo einer der älteren Mitgefangenen am Lagerbrett eines Tages ankündigte: „Geschichte". Wir Jugendlichen waren gezwungen, aber das war ein angenehmer

Zwang, so würde ich im Rückblick sagen, an etwas Lernartigem teilzunehmen. In dem Kreise, der sich um diesen Menschen herum einfand, sollte sich jeder einmal fragen: wer bin ich eigentlich? Das hatte ich bisher noch nie erlebt, daß man dazu angeregt wird in einer Menschengruppe. Eines Tages zeichnete er folgende Linie an die Lagertafel: Wellenberg, Wellental, Wellenberg. Dazu schrieb er jeweils lemurisch, atlantisch, nachatlantisch. Auf dem zweiten Wellenberg zeichnete er kleine Kreise und nannte aufeinanderfolgend: urindisch, urpersisch, ägyptisch-babylonisch, griechisch-römisch, angelsächsisch-germanisch – also die Kulturperioden. Dann machte er gestrichelte Kreise um anzudeuten: das ist noch ein wenig offen, wie das weitergeht. Aber er deutete schon hin, daß es mit dem Slawentum etwas zu tun haben könnte. Ich erinnere mich noch gut, daß da oben eine Spitze war, das sollte das Judentum symbolisieren, und dann schrieb er darüber: Jesus Christus. Ich bin in privaten Gesprächen mit diesem Menschen während dieser Wochen zusammengekommen und habe ihn gefragt: Das habe ich noch nie gehört, wir haben in der Schule eigentlich ganz andere Vorstellungen, was vor unserer unmittelbaren Gegenwart gewesen ist. Ich habe beschrieben, was ich da gelernt habe, und er antwortete darauf etwa: Man kann sich das auch anders vorstellen. Es gibt Gründe, es sich anders vorzustellen und es gibt Gründe, es sich einmal so vorzustellen. Aber die Folgen sind dann auch verschieden. Ich fragte ihn dann am Ende dieser ganzen Zeit beim Abschied, ob das Ganze, was wir so von ihm gehört hatten, irgendeinen in sich abgerundeten Hintergrund hat, was das denn wäre. Da sagte er zu mir: Wenn das in deinem Schicksal liegen soll, wirst du das schon finden, wenn du wieder nach Hause kommst.

Als ich dann zu Hause bald den ersten anthroposophischen Vortrag kennenlernte und auch die allererste Lektüre versuchte, da erinnerte ich mich an seine Adresse. Er war auch entlassen worden, und mein Brief kam an. Ich sagte darin voller Begeisterung, jetzt weiß ich, was das ist, das ist die Anthroposophie. Ist das so? Dann kam ein sehr interessanter, lieber Brief, der aber auf meine Frage hin nur folgendes enthielt: Ja, das ist schon so, auf die Erweckung des Geistkernes im Menschen käme es an. Aber wo viel Licht ist, da ist auch viel Schatten.

Die aufeinanderfolgenden Kulturperioden schließen sich an größere Rhythmen an. Das ist mit den Phasen gemeint, die hier die Namen lemurisch, atlantisch, nachatlantisch haben. Diese einzelnen Kulturperioden können periodisiert werden nach Vorgängen des Himmelsraumes, so daß eine jede ca. 2160 Jahre dauert. Aber da treten schwierige Fragen auf, nicht nur die Frage: Wie kommt denn überhaupt der Erforscher des Geistigen zu einer Darstellung solcher großen und kleineren Rhythmen, und ist denn das gewiß, daß das alles so kommen wird? Wie ist das überhaupt gemeint? Kann es auch so sein, daß es für ihn zwar wahrnehmbar veranlagt ist im Weltprozeß, aber dann vielleicht nur halb oder gar nicht richtig oder beschädigt oder womöglich überhaupt nicht herauskommen kann? Oder ist das ganz selbstverständlich, daß alles in Aussicht Gestellte ganz sicher kommen wird? Nun, eine weitere Angelegenheit sind die Begrenzungen der Kulturperioden, von denen Rudolf Steiner spricht. Die eine nennt er immer die atlantische Katastrophe, wo man, wenn man an die Eiszeit denkt, ganz von außen einen Anhaltspunkt hat, wann das ungefähr geschehen sein könnte. Die Begrenzung an der anderen Seite bezeichnet er als moralisch-technische Katastrophe im Zusammenhang mit dem Bildwort von dem Krieg aller gegen alle. Gerade bei einem solchen Ausdruck kann man darauf aufmerksam werden, daß der Krieg aller gegen alle sich schon frühzeitig vorbereiten, vielleicht sogar sehr viel vorgezogener ausbrechen kann.

Entscheidend ist jedenfalls für unser Thema im Sinne der Anthroposophie, daß von den menschlichen Wesensgliedern der physische Leib zunächst einmal seine volle Ausgestaltung bekommen hat bis an das Ende der atlantischen Periode hin, so daß es sich jetzt bei den eigentlichen Kulturentwicklungen um etwas anderes handelt. Der physische Leib hat einen gewissen Abschluß erhalten. Er ist während der lemurischen Periode in die Grundlagen für die gegenwärtige Beschaffenheit hineingeformt worden. Analog zu den Entwicklungen in den ersten drei Lebensjahren des Menschen könnte man sagen, dies ist die große Periode des Sich-Aufrichtens und Gehenlernens, das Sprechenlernen würde in die atlantische Zeit hineinfallen und das Denkenlernen, seine eigentliche Ausbildung und im Zusammenhang damit das Ich-Bewußtsein, das würde zum Inhalt der nachatlantischen Periode gehören. So haben wir gegen Ende der atlantischen Zeit, in dem späten atlantischen Zeitraum die Tatsache, daß durch den Zusammenfall, durch die Kongruenz eines bestimmten Punktes des ätherischen Hauptes und des physischen Hauptes das Ich-Bewußtsein im ersten deutlichen Ansatz veranlagt wird. Das soll nun ausgebildet werden im Kreis dieser Kulturen.

Gelegentlich hört man: Anthroposophen gehören auch zu den Fortschrittsoptimisten, da geht alles – langsamer oder schneller – aufwärts. Nun ist interessant, daß dieser Weg ebenso als Abstieg betrachtet werden könnte, wie auf der anderen Seite als Aufstieg. Das geht doppelaspektisch ineinander. Da haben wir diese allererste urindische Kulturperiode, die eine Nachwirkung hat in den ältesten Traditionen, die dann historisch greifbar werden und in den Hinduismus noch hineinragen. Sie ist dadurch gekennzeichnet, daß zwar das atlantische Bewußtsein, wo Tag und Nacht nicht so schroff unterschieden waren wie dann später, sondern wo sowohl am Tage wie in der Nacht in unterschiedlicher Art spirituelle Impressionen an den Menschen herankamen, nun abnimmt, und der Mensch anfängt, auf die Sinneswelt angewiesen zu sein, aber er die ungeheure Sehnsucht danach noch hat, in seiner ganzen Gesinnung sich zurückwendet. Er möchte den Zustand, der einmal war, wieder erlangen. Ich kann das nur stichwortartig andeuten. Diese Kulturperiode wird in ganz alten Vorträgen Rudolf Steiners auch die der Spiritualität genannt.

In der Nachwirkung kann das so aussehen, wie es ein christlicher Missionar einmal zu seinem Entsetzen erlebt hat. Er traf einen Brahmanen und fragte ihn: What do you think about god? Dieser antwortete: I am a god myself, Sir. Der Missionar war ganz erschüttert, wie eine so schreckliche heidnische Vorstellung in diesem Menschen leben kann. Er hat es vielleicht vorher theoretisch gewußt, aber jetzt hatte er es in seiner Existenz erfahren und er sagte sich: ich bin richtig am Platze hier, um die Heiden zu bekehren. Hier war ganz selbstverständlich nicht nur die Vorstellung, sondern das innere Wissen vorhanden, daß in jedem Menschen ein göttlicher Keim enthalten ist. Das Interessante ist nur, daß das nicht im geringsten dazu führt, daß in der Mitmenschlichkeit die besondere Beachtung des jeweilig anderen Menschen auf diesem Hintergrunde stattfinden würde, etwa in sozialer Beziehung. Da wirkt es sich gar nicht aus; es ist gewissermaßen als ein inneres, aber passives Wissen vorhanden. Menschen sind in ihrem Kerne der Anlage nach göttlicher Natur, aber sie ergreifen das gar nicht aktiv. Man stellt es passiv fest, aber man ergreift es nicht individuell und auch nicht im Kontakt mit den Mitmenschen, sondern da kann die größte

Interesselosigkeit auftreten. Da herrschen dann ganz andere Gesetze, die der Kaste usw. Wir kommen im Zusammenhang mit der Christusfrage darauf.

Die zweite Kulturperiode bringt dann eine viel stärkere Hinwendung zur Sinneswelt, zu dem, was als Aufgaben empfunden wird. Die Sinneswelt wird zwar nicht eigentlich erkannt, erforscht oder dergl., aber man erlebt sie als Widerstand, der vorhanden ist, mit dem man wirklich rechnen muß, der nicht einfach überblendet werden kann aus dem Geistigen heraus. Man lernt, im Dienste des Lichtgeistes an dieser Front des Dunkels des Widerständigen kultivierend zu arbeiten, natürlich unter autoritativen Anleitungen. In der dritten Periode, der ägyptisch-chaldäischen, an den beiden großen Flußgebieten gelegen, um den Nil und den Euphrat und Tigris, da beginnt überhaupt erst der Mensch angeleitet zu werden, Gesetzmäßigkeiten in der Welt zu suchen, den Gang der Gestirne zu beobachten und Regelmäßigkeit, angeregt von der Sinnesbeobachtung, obwohl noch andere Kräfte mitwirken, zu finden. Man lernt, etwas vom Sternenhimmel abzulesen oder die Erde zu vermessen. Dann geht es herüber in die vierte Kulturperiode der Persönlichkeit, wo nun die konturierte irdische Persönlichkeit auch innerlich, psychisch deutlicher herauskommt. Das Ganze kann man betrachten als einen Aufstieg im Grad des Ich-Bewußtseins, aber als einen Abstieg im Grad der Fülle der geistigen Impressionsmöglichkeiten.

Rudolf Steiner schildert das so, daß die Menschen, die an diesen Kulturen beteiligt sind, nach dem Tode in ihrem Geistdasein zwischen dem Tod und der neuen Geburt mit den Folgen dessen, was während ihres Erdenlebens in ihrer Kulturperiode vorhanden war als prägende Kräfte, nun leben müssen. Insofern es ein Abstieg ist, werden die Menschen immer irdischer, insofern es ein Aufstieg ist, immer klarer, wenigstens in Ansätzen. Das immer irdischer Werden bewirkt, daß sie nach dem Tode in einer gewissen Dunkelheit leben müssen, aus der ersten Kulturperiode heraus noch kaum, aber in der zweiten ist es doch schon deutlich. Die Ägypter haben dann die besondere Herausstellung des Motives des Todes, den Totenkult und die Sorge, wie das eigentlich mit dem Leben nach dem Tode sei. Da wirkt sich jetzt für die andere Seite des Daseins die Beschaffenheit der irdischen Inkarnation für längere Zeiten aus, bis dann doch noch ein freierer Ausblick in die geistige Welt auf dem Höhepunkt dieses Rhythmus zwischen Tod und neuer Geburt möglich wird. In der vierten Periode der Persönlichkeit, wo der Mensch sehr begrenzt in bezug auf seinen geistigen Hintergrund geworden ist, da wird es nun sehr dunkel, da existieren düstere Hades-Vorstellungen.

Christus-Führung

Nun betrachten wir die Christus-Führung in dem Ganzen. Da gehen wir davon aus, daß in der vierten Kulturperiode das Mysterium von Golgatha, die Erscheinung Christi auf Erden stattfindet, und das enthält das Erdengeheimnis. Der Sinn der Erde wird da eigentlich ermöglicht. Was Abstieg wurde im Verhältnis zur geistigen Welt und dann in den Bereich der vierten Kulturperiode mündet, dem kann sich jetzt entweder ein allmählicher Wiederaufstieg anschließen, oder es kommt ein noch weiterer Abstieg. Aber die Führung durch das Logos-Christus-Wesen ist die ganze Zeit hindurch immer da.

Rudolf Steiner nimmt aus späteren Überlieferungen Namen, um auf die eigentliche Sache hinzudeuten. So erscheint Christus als Wishwa Karman der ersten Kulturperiode, ein Ausdruck, den es in der Hindureligion heute noch gibt, der heilige Weltenbaumeister. Als seine menschlichen, erleuchteten Vertreter auf der Erde erscheinen die sog. heiligen Rishis, die so ganz anders vorgestellt werden müssen, als man sich heute vielleicht irgendeinen Eingeweihten denken würde, als ganz schlichte bauernartige Menschen, die aber, wenn sie zu gewissen Zeiten miteinander zu sieben zusammen waren, dann die allergrößten Weltgeheimnisse aussprachen. Der Weltenbaumeister Wishwa Karman wird geahnt in einer Sphäre, die eigentlich über das hinausliegt, was sie unmittelbar erschauen, und noch verschleiert bleibt. Der Hinduismus als Religion, wie er heute noch vorhanden ist, bekennt sich nach wie vor zu diesen sieben Rishis im Aufgang der nachatlantischen Zeit. So sind in dieser Religion überhaupt älteste Traditionen immer noch vorhanden.

Wenn Rudolf Steiner von Ahura Mazdao spricht, dem weisen Herrn, dann spricht er jetzt deutlicher davon, daß der jenen auf der Erde geistig erlebende Zarathustra, in der zweiten Kulturperiode, wo es nun etwas zu kultivieren und Widerstände zu überwinden gibt, wo man schon mehr nach der Zukunft, nach Gestaltungszielen ausgerichtet ist, im geistigen Bereich der Sonne die führende Wesenheit wahrnimmt und von ihr geleitet wird. Und so ist das dann in den weiteren Perioden, wenn in Ägypten von Osiris gesprochen wird durch den Hermes oder in dem Hebräertum von Jahve durch den Moses, wobei Osiris unmittelbar die Führung der geistigen Sonne aussagen will und im Falle Jahves die Sonnenkraft in der Mondenspiegelung etwas abgeändert einwirkt auf das hebräische Volk, das ja dann in seiner Geschichte weitergeht. Gelegentlich findet sich bei Rudolf Steiner der Ausdruck, Abraham sei der Inaugurator der vierten Kulturperiode. Daraus kann man sehen, daß das hebräische Wesen, aus dem dritten Zeitraum herauswachsend in den vierten hinein, auch dieses Persönliche und von den geistigen Naturimpressionen Abschneidende ganz stark in sich hat. Nun ist aber in der vierten Periode Jesus von Nazareth nicht einfach der erleuchtete Bote, sondern jetzt eben der unmittelbare Inkarnationsträger der herabgestiegenen Christuswesenheit, die das große Opfer bringt, durch das sie sich der Erde geistig einfügt und von da an in den menschlichen Ichen wirken kann. Die geistige Führung durch den Christus ist immer gewesen, hauptsächlich vermittelt durch die großen Eingeweihten, wie sie genannt werden. Jetzt beginnt die Möglichkeit, daß in jedem einzelnen Menschen, der in diese geistige Weltrichtung hinblicken will in der richtigen Weise, etwas von der Kraft des Christus und von der Kraft der Todesüberwindung des Wiederaufsteigenkönnens lebendig wird.

Die 5. Kulturperiode bringt, obwohl die Persönlichkeit noch weiter auf die Spitze getrieben wird, ein viel intensiveres Ergreifen der Welt. Das wird ganz deutlich durch die Neuzeit. Nun findet eine vollkommene Emanzipation statt. Der physische Leib war vor Beginn der Kulturperioden schon im wesentlichen ausgestaltet. Im Sinne der feineren Unterscheidungen, die Rudolf Steiner macht, nicht nur der vier Wesensglieder im großen und ganzen, müssen dann die anderen nichtphysischen Wesensglieder spezifisch entwickelt werden, also der ätherische Leib hauptsächlich in der indischen Kulturperiode usw. In der fünften Periode, unserer Gegenwart mit der Bewußtseinsseele, reift diese emanzipierte Seele heran, wo auch die Begegnung mit dem Bösen aktuell wird, wo überhaupt seelisch vieles abstirbt langsam, was bis dahin den Menschen noch getragen hat, so daß man deutlich sieht: die Grundkonstellation des Mysteriums von Golgatha wird in bezug auf die Lage des Menschen in der fünften Kulturperiode und noch deutlicher in unserem Jahrhundert erst wirklich aktuell. Da kann man gut sehen, daß wenn zwei dasselbe sagen, es nicht dasselbe ist. Wenn gesagt wurde, der Mensch ist im Kern der Anlage nach göttlichen Wesens, dann hat das bis heute da, wo das nachwirkt, im indischen, hinduistischen, orientalischen Raume nicht den Charakter, daß das von innen her ergriffen würde. Man kann das so formulieren: diese Art von Göttlichkeit des Menschen, die veranlagt ist in dem menschlichen Ich, die ist gewissermaßen vaterartig. Wer es kennt, wird es nicht leugnen. Der Geistesforscher weiß, daß das so ist, und andere Menschen haben eben diese Traditionen. Nur, wenn die Tatsache nun sohnesartig auftritt, so daß sie jetzt ergriffen wird aktiv und individuell und dann auch in dem anderen Begegnungswesen, dem Du, entsprechend gewürdigt wird, dann ist das eine vollkommen andere Tatsache als das, was noch möglich war zu erleben aus der alten Weisheit heraus. Alles hängt davon ab, daß die Menschen lernen, diese Kräfte, die von dem Mysterium von Golgatha herrühren und verborgen immerwährend vorhanden sind, in dem eigenen Ich aufzugreifen. Und das ist immer etwas, was nicht von selber geschieht, sondern wo der Mensch mit seiner Aktivität die Form ist, in der diese Kräfte dann als erfüllende Kräfte sich offenbaren.

Wenn wir in diesem Sinne einen Blick werfen auf die Kulturentwicklung der Zukunft, so können wir sagen: arbeiten wir so, daß die christlichen Kräfte durch uns erscheinen, dann bewegen wir uns in einem Prozeß auf einen Zeitraum zu, der das schon bis zu einem gewissen Grade als Habitus haben wird, die sechste Kulturperiode, nicht alle, aber diejenigen, die das vorher eingeübt haben in dem fünften Kulturzeitraum. Das charakterisiert Steiner in dreifacher Hinsicht. Erstens werden die Menschen eine deutliche, klare Erfahrung von ihrer Geistnatur haben und auch von dem Geistigen in der Welt. Zweitens werden sie eine absolute Toleranz walten lassen. Sie werden niemals dem Inneren einer anderen Seele anders entgegentreten, als daß gewahrt bleibt die absolute Freiheit, Religionsfreiheit, Gedankenfreiheit. Aber das ist etwas ganz anderes, als was heute nur in den Verfassungen oder der menschlichen Gleichgültigkeit der Freiheit und den Menschenrechten gegenüber vorhanden ist, sondern etwas ganz Elementares. Niemals wird einer einen Einfluß ausüben wollen unter denen, die das dann erreicht haben werden, der den anderen davon abbringt, selber seine eigenen Wege zu suchen. Und drittens werden die Menschen den Eindruck haben, ich kann gar nicht glücklich sein auch in bezug auf die äußere Lebensermöglichung, wenn es irgendeinen anderen in meiner Umgebung gibt, bei dem das anders ist. Diese Brüderlichkeit erübrigt, für die äußere Existenz konkurrierend kämpfen zu müssen, was heute noch als Ungedanke wirksam spukt. Das schildert Rudolf Steiner so, daß diese drei Ideale in dem sechsten Kulturzeitraum ganz normale Tatsachen sein werden. Man wird sie nicht als etwas Außergewöhnliches anstreben wie heute, sondern das wird dann einen gewissen Habitus haben. Diejenigen, die dann anders sein werden, die werden als zurückgebliebene Barbaren gelten, die noch so konstituiert sind, wie es heute die Norm zu sein scheint, wo jeder nur für sich selbst strebt und der andere selber sehen soll, wie er zurechtkommt. Das sind dann die Barbaren, auch wenn sie vielleicht sehr verbreitet sind. Dann wird man erst das Christentum in einer ausgereiften Art verstehen. Bisher war das Christentum Vorbereitung, eine Art Morgenröte in der ganzen vierten Kulturperiode gemischt mit Abendröte. Viele alte geistige Kräfte wirken da noch weiter im Urchristentum, also Morgenröte mit Abendröte gemischt. Daß der Sonnenaufgang erscheint, das ist etwas, woran wir heute überhaupt erst richtig arbeiten können, wenn wir wollen, und die Frucht wird dann erst sehr viel später in Erscheinung treten.

Nun ergibt sich natürlich die Frage: wenn erst in der vierten Kulturperiode der Verstandesseele der Mensch in einem stärkeren Sinne anfängt, Eigenarbeit zu leisten, immer noch nicht so, daß er darauf so angewiesen ist wie heute in der fünften Kulturperiode, wie war das denn mit den Kulturperioden vorher? Wer hat denn da an den Seelengliedern, an den Wesensgliedern gearbeitet, wenn der Mensch noch gar nicht in der Lage war, das selber voll zu ergreifen? Nun findet die Anthroposophie ein Gesetz, das ein Raumes-Bild hat in dem siebenarmigen hebräischen Leuchter, daß es diese Korrespondenzen gibt zwischen dem, was einmal war, und dem, was später auftreten wird. Gewisse Eigentümlichkeiten, gewisse formende Kräfte der ersten Kulturperiode werden in der siebenten, der zweiten in der sechsten und der dritten in der fünften wieder auftauchen. Von diesem Gesetz kann man auch in der Phasengliederung des Lebenslaufes etwas wahrnehmen und berücksichtigen in dem Sinne, daß vieles, was in den entsprechenden Frühphasen nicht durchgemacht oder veranlagt wird, im Alter dann auch nicht in irgendeiner positiven Frucht herauskommen kann, das aber durchaus auch nach Perioden gestaffelt ist. Es ist ein Gesetz der Symmetrie.

Christus und die führenden geistigen Wesen

Nun kommen wir konkreter zu den führenden geistigen Wesen. Es gibt heute offiziell außerhalb einer mehr spirituellen, esoterischen Strömung wenige Menschen, die das für die Wirksamkeit in der Geschichte anerkennen. Ich habe die Freude gehabt, daß ich in Tübingen tatsächlich in den fünfziger Jahren einen solchen Menschen in der Gestalt eines ordentlichen Universitätsprofessors sogar, der aber etwas isoliert war gegenüber seinen Kollegen, kennengelernt habe, den bekannten Walter F. Otto. Eine Vorlesung begann er so, daß er sagte: meine Kollegen vertreten den Gesichtspunkt, wenn es keine griechische Kultur gegeben hätte, hätte es auch keine griechischen Götter gegeben. Ich vertrete den entgegengesetzten Gesichtspunkt, wenn es keine griechischen Götter gegeben hätte, hätte es auch keine griechische Kultur gegeben. Das störte ihn gar nicht, daß einige Kollegen sagten, den kennen wir, der spinnt, der glaubt an die griechischen Götter, sondern es war seine Auffassung, daß das Realitäten waren, die gewissen Menschen, die diese Eindrücke haben konnten, erschienen sind, und das eine oder andere konnte daraufhin eingerichtet werden.

Nun kann man vielleicht einiges Anthropomorph-Abergläubische beseitigen, indem man zum Ausgangspunkt nicht den verkörperten Menschen als Modell nimmt und sich jetzt vorstellt, die höheren Wesen sind nach diesem nur mächtigere Wesen, die idealisierte gesteigerte Potenzen haben gegenüber dem, was der Erdenmensch vermag. Denn der Erdenmensch hat ja eine Bewußtseinsform, die verursacht ist durch die Tatsache, daß er verkörpert ist, daß er also an einen bestimmten Punkt, an eine bestimmte Ausfüllung des Raumes gebunden ist und von sich aus wie von einem Zentrum alles andere um sich herum hat. Mit dem Schlüssel des anthroposophischen Menschenbildes ist verstehbar, daß der Mensch, wenn er nicht verkörpert ist, wenn er also noch nicht geboren ist oder verstorben ist, auch eine ganz andere Bewußtseinsart hat. Er ist ja nicht irgendwo an irgendeiner Stelle, sondern er hat ein mehr oder weniger kosmisches Bewußtsein, er ist überall, er ist sphärisch. Es findet eine richtige Umstülpung statt, wenn man geboren wird und ebenso nach der anderen Seite, nur bekommt man davon mehr mit, wenn man stirbt. Die Vorstellung, ein Verstorbener hat dieselbe Form des Bewußtseins wie ein auf Erden lebender Mensch, nur daß er keinen Leib mehr hat, ist unsachgemäß. Man müßte von dem Menschen ausgehen, insofern er nicht verkörpert ist, oder höchstens von den Sondersituationen, wo der Mensch versucht, sich über das nur irdisch Persönliche zu erheben – dies ist auch ein Ausgangspunkt, weil er sich da ein wenig ausweitet und diese Umstülpung andeutet. Der nichtverkörperte Mensch wurde deshalb auch in gewissem Sinne in der Antike ein Gott genannt. Unter Göttern verstand man alles, was dem Wesen nach vorhanden ist und nicht verkörpert ist. Das ist interessant, weil der Mensch diese ganz anderen kosmischen Eigenschaften dann hat, nur daß sie jetzt in verschiedener Vollmacht auftreten können. Wenn man also ausgeht von dem Modell des Menschen, der nicht den Bedingungen der Verkörperung unterliegt, dann hat man einen brauchbaren Ausgangspunkt für die Reihe der hierarchischen Wesenheiten – ausgestattet natürlich mit größerer Vollmacht, mit größerer Reife, mit höherem kosmischen Alter sozusagen.

Wir erfahren in dem Buche „Die geistige Führung des Menschen und der Menschheit", daß diese Wesenheiten in einer ganz bestimmten Art und Weise an der Aufeinanderfolge dieser Kulturperioden beteiligt sind. Hauptsächlich geht der Verfasser auf die dritte und die fünfte Kulturperiode ein, weil wir in der fünften selber darinnen sind. Die unmittelbar Wirkenden der geistigen Führung waren die, die der Hierarchie der Angeloi, der Engel angehörten in der dritten Periode, und diese treten in der fünften Periode wieder auf, nach dem Gesetz der Symmetrie. Dies bedeutet nicht, daß nicht noch höhere Wesen dahintergestanden hätten, aber die unmittelbar Wirksamen waren jetzt die

Engel, die in dieser ägyptisch-chaldäischen Kulturperiode inspirierend wirkten, aber eben so, daß sie den Teil mit übernahmen, den der Mensch überhaupt noch gar nicht übernehmen konnte.

Wenn das nun in der fünften Periode wieder so ist, daß diese geistige Führung da ist, daß die engelartigen Wesen wiederum wirken, dann wirken sie jetzt ganz anders. Sie wirken nicht von sich aus einfach auf den Menschen ein, sondern sie wirken eigentlich in der Richtung, daß der Mensch selber den allerersten Ansatzpunkt, indem er mit dem eigenen Ich aktiv wird, selber setzt. Dann wird das aufgegriffen, ausgefüllt und weitergeführt in Zusammenarbeit mit diesen geistigen Führerwesen. Also gerade das initiative Moment lassen sie den Menschen.

Inzwischen ist aber eine Spaltung eingetreten unter den engelartigen Wesen, die in der dritten Kulturperiode gewirkt haben. Denn die Menschen haben in der vierten Periode den Christus und seinen Impuls in ihre Sphäre hereinbekommen, können ihn aufnehmen. Die hierarchischen Wesenheiten haben das im geistigen Raume auch zu tun. Sie können entweder sich mit dem Christus zusammenschließen oder nicht. Die Frage kann sich ergeben: Untersteht nicht die ganze hierarchische Welt, sofern sie nicht schon von langer Zeit her luziferisch oder ahrimanisch wurde, der unmittelbaren Führung des Christus? Aber die Menschen unterstehen ja auch von Urzeiten her der Führung des Christus. Dennoch tritt das in einer ganz anderen Art für uns Menschen jetzt im Sinne des inneren Ergreifens der Christuskraft seit dem Ereignis von Golgatha als etwas Neues wieder auf. Ebenso wie die geheimnisvolle Wesenheit des lukanischen Jesus sich zum Träger des Christus macht, obwohl sie in kosmischen Vorzeiten schon ihre ganz spezifischen Durchdringungen mit dem Christus hatte, so treten eben jetzt einige

Wesenheiten in eine neue, für sie jetzt entscheidende Beziehung zu der Christus-Intention ein, und andere tun das nicht. Und die, die das nicht tun und in der fünften Periode wieder erscheinen, die erkennt man daran, daß sie den Materialismus in der fünften Kulturperiode anregen und weiter unterhalten wollen, an ihrer Auffassung, daß die Welt und das Weltgeschehen aus dem atomaren Bereich konstituiert wird, daß die Atome die Grundelemente sind, aus denen alles andere sich aufbauen würde. Die anderen Wesenheiten, die guten Wesenheiten möchten dagegen die Spiritualisierung herbeiführen, aber dazu müssen die Menschen immer die Eigeninitiative in dieser Richtung ergreifen. Das wird ihnen nie abgenommen dabei. Ganz anders ist es, wenn Wesen so wirken, daß es den Menschen bequem gemacht wird, oder so wirken, daß es den Menschen unbequem gemacht wird, daß den Menschen die Ansätze des Selbsttuns dabei bleiben. Das ist nicht so gemeint, daß die andere Strömung außer acht gelassen wird, sondern daß der Aufstieg diesem Abstieg abgerungen wird. Der Mensch soll ja die Wachheit und all das, was er sich erobert hat auf diesem Wege des Denkens und des Ich-Bewußtseins, beibehalten. Denn Spiritualisierung heißt, daß man die auf dem Abstiegswege erworbenen Qualitäten mit einbringt, daß man sie verwandelt und mit dem Spirituellen zusammen als Einheit hat.

Schließlich sei aus der Anthroposophie heraus noch angedeutet, daß eine gewisse Führerschaft in bezug auf das Zustandekommen geistiger Eindrücke beim Menschen von den Geistern der Form auf die Geister der Persönlichkeit übergeht während der 5. nachatlantischen Kulturperiode. Das ist sozusagen etwas für die Okkultisten, die in Zukunft niemals die geistigen Eingebungen in einer fertigen Form vor sich haben werden, sondern sie viel stärker aktiv vorbereitet erringen müssen, also das Eingeweihtentum wird in seiner inneren Konstitution anders in der neueren Zeit. Rudolf Steiner ist ein großartiges Beispiel für das Ringen mit den Schwierigkeiten, die damit zusammenhängen. Allen, die heute und in Zukunft noch so auftreten auf dem okkulten Gebiete, daß sie einfach mehr oder weniger den Inhalt fix und fertig von oben übergeben bekommen, denen sollte man mit gesundem Mißtrauen begegnen.

So konzentrieren sich die verschiedensten Gesichtspunkte in einer einzigen großen Gebärde. Alle alten Kräfte, wo die geistigen Wesenheiten inspirierend gewirkt haben mehr oder weniger ohne Zutun des Menschen, erschöpfen sich. Und ein Aufstieg ist nur da möglich, wo die geistige Führung nicht durch bloße Gaben etwas bewirkt, sondern bei der selbständigen Lösung von Aufgaben mitwirkt. Rudolf Steiner drückt das einmal so aus, daß er sagt: Der Begriff der Erlösung war immer mit dem Christuswesen verbunden, mit seinem Opfer und mit dem, was er dem Menschen durch dessen Aktivität ermöglicht. Der Begriff der Erlösung wird vom 20. Jahrhundert an wissenschaftliches Bürgerrecht bekommen müssen. Darunter versteht Rudolf Steiner, daß er auf die Erkenntnissphäre ausgedehnt werden muß. Die gewöhnliche Erkenntnis vor dem inneren Ergreifen, die mehr oder weniger passiv bleibt oder heute gar meint, wir kommen überhaupt nicht an die Wahrheit heran, die sei dem Menschen sowieso verbaut, das ist die unerlöste Erkenntnis, nicht die Erkenntnis überhaupt, die vermeintlich ihre Grenzen hätte, sondern die Erkenntnis, die durch die ganzen vorangegangenen Weltvorgänge eben im Zustand der Unerlöstheit ist. Die Erkenntnis aber, die aktiv sich zu erwerben in Keimen jetzt möglich ist, das ist die, die das Zeichen der Erlösung an sich trägt. Da wird ganz deutlich, was eigentlich mit Christus und der Kulturentwicklung in Richtung auf die Zukunft gemeint ist. Wenn man aus diesen Betrachtungen, die Rudolf Steiner anregt, den Eindruck gewinnt, es kommt dann doch auf jeden einzelnen heute an, dann wird dieser Eindruck wohl nicht falsch sein.

AUTORENNOTIZEN

Martin Basfeld, geboren 1956 in Oberhausen. Studium der Physik in Göttingen mit Diplom und Promotion im Fach Strömungsphysik. Seit 1983 wissenschaftlicher Mitarbeiter am Hardenberg Institut. Arbeitsfelder: Geschichte der Naturwissenschaften; Reinkarnation und Karma; Grundlagen der Anthroposophie.
Publikation: „Erkenntnis des Geistes an der Materie. Der Entwicklungsursprung der Physik“ (1992).

Karl-Martin Dietz, geboren 1945 in Heidelberg. Studium der Klassischen Philologie, Germanistik und Philosophie in Heidelberg, Tübingen und Rom. 1975 Promotion mit einer Arbeit über vorsokratische Philosophie. 1974–1980 Lehrtätigkeit am Seminar für Klassische Philologie der Universität Heidelberg. 1978 Mitbegründer des Hardenberg Instituts.
Publikationen: „Die Suche nach Wirklichkeit“ (1988); „Metamorphosen des Geistes“, Band 1 und 2 (1989), Band 3 (1990).

Wolf-Ulrich Klünker, geboren 1955 in Holzminden. Promotion in Theologie und Pädagogik. 1981–1984 wissenschaftliche Tätigkeit an der Universität Göttingen. Danach beschäftigt an einer Fernstudien-Einrichtung in Hannover. Seit 1986 wissenschaftlicher Mitarbeiter am Hardenberg Institut. Forschungsschwerpukte: Philosophie des Mittelalters, Christologie Rudolf Steiners.
Veröffentlichungen zur Religionspsychologie, zu Thomas von Aquin (Bearbeiter einer vierbändigen Edition), zu Siger von

Brabant und Johannes Scotus Eriugena; Herausgeber der Thementaschenbücher aus dem Werk Rudolf Steiners „Vom Wirken der Engel“ (1991) und „Geistige Wesen in der Natur“ (1992).

Christoph Lindenberg, geboren 1930 in Holzminden. Studium der Geschichte und der englischen Philologie, daneben der Philosophie und Pädagogik in Göttingen und Freiburg. Nach Tätigkeit als Waldorflehrer seit 1980 freier Schriftsteller und Dozent am Seminar für Waldorfpädagogik in Stuttgart.
Publikationen: „Waldorfschulen: Angstfrei lernen, selbstbewußt handeln“ (1975); „Die Technik des Bösen. Zur Vorgeschichte und Geschichte des Nationalsozialismus“ (1978); „Die Lebensbedingungen des Erziehens“ (1981); „Geschichte lehren“ (1981); „Vom geistigen Ursprung der Gegenwart“ (1984); wissenschaftliche Leitung des Projekts „Die anthroposophischen Zeitschriften von 1903 bis 1985. Bibliographie und Lebensbilder“ (1987); „Rudolf Steiner – eine Chronik“ (1988); „Rudolf Steiner“ Rowohlt-Monographie Nr. 500 (1992).

Arnold Suckau, geboren 1927 in Essen. Studium der Theologie in Wuppertal und Stuttgart. Pfarrer in der Christengemeinschaft an verschiedenen Orten, seit 1982 in Bonn, und Dozent am Priesterseminar in Stuttgart.
Publikation: Adolf Müller und Arnold Suckau, „Werdestufen des christlichen Bekenntnisses“ (1974).

Aktuelle Publikationen aus dem Hardenberg Institut

Albert Schmelzer
Die Dreigliederungsbewegung 1919
Stuttgart 1991

Martin Basfeld
Erkenntnis des Geistes an der Materie
Stuttgart 1992

Rudolf Steiner
Geistige Wesen in der Natur. Ausgewählt und herausgegeben von Wolf-Ulrich Klünker
(Themen aus dem Gesamtwerk, Band 18)
Stuttgart 1992

Martin Basfeld, Wolf-Ulrich Klünker, Angelika Leibrock
Blick zurück nach vorn. Wie erlangt man Einsicht in Wiederverkörperung und Schicksal?
Stuttgart 1993 (erscheint im Frühjahr)

Informationen zu weiteren Veröffentlichungen und zu den Veranstaltungen des Instituts sind erhältlich über:

Friedrich von Hardenberg Institut
für Kulturwissenschaften
Hauptstraße 59
6900 Heidelberg
Telefon 0 62 21 / 2 84 85
Telefax 0 62 21 / 2 16 40